本书为河南省软科学研究项目"乡村振兴视域下河南新型职业农民培育路径研究"（222400410127）、河南省哲学社会科学规划项目"河南新型职业农民培育模式与可持续发展研究"（2021BSH022）阶段性成果。

2022年度河南省属高校基本科研业务费专项计划（哲学社会科学类）资助出版（22XMPY10）。

·马克思主义研究文库·

新时代高素质农业劳动力培育研究

马 寒 郭红彦 | 著

光明日报出版社

图书在版编目（CIP）数据

新时代高素质农业劳动力培育研究 / 马寒，郭红彦著 . -- 北京：光明日报出版社，2023.2
ISBN 978-7-5194-7146-0

Ⅰ.①新… Ⅱ.①马… ②郭… Ⅲ.①农业劳动力—研究—中国 Ⅳ.①F323.6

中国国家版本馆 CIP 数据核字（2023）第 065766 号

新时代高素质农业劳动力培育研究
XINSHIDAI GAOSUZHI NONGYE LAODONGLI PEIYU YANJIU

著　　者：马　寒　郭红彦	
责任编辑：李　倩	责任校对：李佳莹
封面设计：中联华文	责任印制：曹　净

出版发行：光明日报出版社
地　　址：北京市西城区永安路 106 号，100050
电　　话：010-63169890（咨询），010-63131930（邮购）
传　　真：010-63131930
网　　址：http://book.gmw.cn
E - mail：gmrbcbs@gmw.cn
法律顾问：北京市兰台律师事务所龚柳方律师
印　　刷：三河市华东印刷有限公司
装　　订：三河市华东印刷有限公司
本书如有破损、缺页、装订错误，请与本社联系调换，电话：010-63131930

开　　本：170mm×240mm	
字　　数：225 千字	印　张：15
版　　次：2023 年 2 月第 1 版	印　次：2023 年 2 月第 1 次印刷
书　　号：ISBN 978-7-5194-7146-0	
定　　价：95.00 元	

版权所有　　翻印必究

前　言

　　无工不富，无农不稳。党的十八大将推进城乡发展一体化作为解决农业农村农民（以下简称"三农"）问题的根本途径，提出要"加大统筹城乡发展力度，增强农村发展活力，逐步缩小城乡差距，促进城乡共同繁荣"[①]。如果说党的十八大是从"城"与"乡"、城市发展与农村发展两重对等维度来看待"三农"问题的话，那么党的十九大则将解决"三农"问题，进而从推进农业农村现代化的视角转向了乡村本身，即通过实施乡村振兴战略，以产业、人才、文化、组织、生态五个维度的振兴，从根本上解决"三农"问题。党的十九大明确提出："农业农村农民问题是关系国计民生的根本性问题，必须始终把解决好'三农'问题作为全党工作重中之重。要坚持农业农村优先发展，按照产业兴旺、生态宜居、乡风文明、治理有效、生活富裕的总要求，建立健全城乡融合发展体制机制和政策体系，加快推进农业农村现代化。"[②]这段论述一方面将"三农"问题上升到了"关系国计民生的根本问题"和"全党工作重中之重"这一前所未有的高度，另一方面从战略上标明了解决"三农"问题的总目标和总要求。党的十九大以后，党中央先后出台并实施了《中共中央　国务院关于实施乡村振兴战略的意见》

---

① 十八大以来重要文献选编［M］.北京：中央文献出版社，2014：18.
② 党的十九大文件汇编［M］.北京：党建读物出版社，2017：22.

《乡村振兴战略规划（2018—2022年）》《中华人民共和国乡村振兴促进法》《中共中央　国务院关于全面推进乡村振兴加快农业农村现代化的意见》等，为乡村振兴战略实施规划了路线图和施工图。正如习近平总书记多次强调的那样，"我在党的十九大报告中提出要实施乡村振兴战略，这是党中央从党和国家事业全局出发、着眼于实现'两个一百年'奋斗目标、顺应亿万农民对美好生活的向往作出的重大决策。这是中国特色社会主义进入新时代做好'三农'工作的总抓手"[①]。

改革开放40多年来，我国经济社会发展取得了举世瞩目的成就，经济实力、科技竞争力和综合国力逐步迈向国际前列，中国人民在中国共产党的领导下正向着第二个百年奋斗目标和实现中华民族伟大复兴中国梦的目标阔步前进。但面对世界百年未有之大变局和实现中华民族伟大复兴全局，我国经济社会发展还有诸多短板和亟待解决的重大理论与实践问题，其中最大的制约因素就是发展的不平衡不充分问题。习近平总书记指出："同快速推进的工业化、城镇化相比，我国农业农村发展步伐还跟不上，'一条腿长、一条腿短'问题比较突出。我国发展最大的不平衡是城乡发展不平衡，最大的不充分是农村发展不充分。"[②] 2018年，中共中央、国务院颁布的《关于实施乡村振兴战略的意见》也指出，"没有农业农村的现代化，就没有国家的现代化。当前，我国发展不平衡不充分问题在乡村最为突出"。同时，文件还从宏观上概述了"三农"存在的五个方面的不平衡不充分问题。从国家统计局发布的《全国年度统计公报》数据来看，2021年全年国内生产总值1143670亿元，其中第二产业增加值比重为39.4%，第三产业增加值比重为53.3%，而第一产业增加值仅占7.3%。第一产业增加值较2012年下降

[①] 中共中央党史和文献研究院．习近平关于"三农"工作论述摘编［M］．北京：中央文献出版社，2019：6．

[②] 中共中央党史和文献研究院．习近平关于"三农"工作论述摘编［M］．北京：中央文献出版社，2019：43．

了2.8%，与2017年基本持平。这一方面说明了农业作为第一产业的超稳定性，另一方面说明与第二、三产业整体发展水平相比还有较大的差距。

坚持农业农村优先发展，实施乡村振兴战略，推进农业农村现代化建设，最终实现城乡居民的共同富裕，是我们党的重大战略举措和矢志不渝的奋斗目标。实践证明，落实党和国家关于"三农"工作的重大战略举措关键在人，关键在培育一大批以"有文化、懂技术、善经营、会管理"的新型职业农民为主体的高素质农业劳动力。改革开放以来尤其是进入21世纪以来的20多年间，随着非农产业发展和城镇化建设步伐的加快，农村劳动力非农化转移的数量急剧增长，大量高素质农民尤其是青壮年农民越来越远离土地。这一方面造成了农民"土地情结"的弱化淡化，更为严重地是直接影响了农业生产力整体水平的下降，"土地谁来种、如何种好土地"已经成为迫切需要解答的重大问题。面对这些问题，2018年3月8日，习近平总书记在参加十三届全国人大一次会议山东代表团审议时明确指出："要推动乡村人才振兴，把人力资本开发放在首要位置，强化乡村振兴人才支撑，加快培育新型农业经营主体，让愿意留在乡村、建设家乡的人留得安心，让愿意上山下乡、回报乡村的人更有信心，激励各类人才在农村广阔天地大施所能、大展才华、大显身手，打造一支强大的乡村振兴人才队伍。"① 为深入贯彻落实习近平总书记关于推动乡村人才振兴的重要指示精神，落实党中央、国务院有关决策部署，2021年中央制定了《关于加快推进乡村人才振兴的意见》，就加快培养农业生产经营人才，农村二、三产业发展人才，乡村公共服务人才，乡村治理人才和农业农村科技人才等5个大类、20个小类的具体培育培养任务进行了安排部署。同年4月，教育

---

① 习近平李克强王沪宁赵乐际韩正分别参加全国人大会议一些代表团审议［N］．光明日报，2018-3-9（01）．

部等四部门又联合印发了《关于实现巩固拓展教育脱贫攻坚成果同乡村振兴有效衔接的意见》，把加强涉农职业院校建设，作为人力资源开发、农村劳动力转移培训、技术培训与推广、巩固拓展脱贫攻坚成果和高中阶段教育普及的重要基地，提出了推动职业院校发挥培训职能，与行业企业等开展合作，丰富培训资源和手段，广泛开展面向"三农"、面向乡村振兴的职业技能培训等一系列重大举措。2022年中央一号文件《关于做好2022年全面推进乡村振兴重点工作的意见》，又列出专节对加强乡村振兴人才队伍建设进行安排部署。内容涉及发现和培养使用农业领域战略科学家、深入推行科技特派员制度、实施高素质农民培育计划、乡村产业振兴带头人培育"头雁"项目、乡村振兴青春建功行动、乡村振兴巾帼行动、完善耕读教育体系、支持办好涉农高等学校和职业教育，以及培养乡村规划、设计、建设、管理专业人才和乡土人才等多项具体化措施。从以上政策变化，我们可以得出三个基本结论：第一，党的十八大以来，党中央关于"三农"人才队伍建设的政策是一贯的；第二，对"三农"人才队伍建设内涵的把握越来越深刻、越来越全面；第三，工作重心越来越聚焦，即由以新型职业农民为中心的"三农"人才队伍"点"上建设，逐步转向培育高素质农业劳动力的"面"上建设。

基于以上认识，本书坚持以马克思主义"三农"理论为指导，直面新时代高素质农业劳动力培育存在的问题，以较为宏阔的历史视角并结合实证案例与数据，就如何推进新时代高素质农业劳动力培育工作，提出具体改进策略。

本书共分六章。第一章高素质农业劳动力培育问题研究的意义与价值。目的是阐明新时代培育高素质农业劳动力的战略意义；阐释研究高素质农业劳动力培育问题的必要性，系统梳理国内外关于高素质农业劳动力培育理论与实践研究的学术发展趋势。第二章高素质农业劳动力培育的理论基础。主要阐释两个问题：一是高素质农业劳动力的概念界定及其内涵;二是高素质农业劳动力培育的理论基础。第三章我国农业劳动力培育的历史图景与基本模式。重点解析三个问题:一是我国农业劳动力培育的历史演进过程及主要经验;二是国外农业劳动力培育的典型模式与镜鉴;三是当前我国农业劳动力培育的基本模式。第四章至第六章主要是通过田野调查所获取的数据,对农业劳动力的思想道德素质、科技文化素质、经营管理素质等进行分析,以"解剖麻雀"的方式直观反映当前高素质农业劳动力培育存在的问题及原因,并在此基础上提出合理化的对策建议。余论部分主要是对本课题研究予以总结,并就核心问题给出研究结论。为了方便读者阅读和开展相关问题研究,本书还以附录的形式,将改革开放以来我国重大涉农政策和标志性事件简要列出,以便索引。

本书由郑州轻工业大学马寒、河南工业大学郭红彦合著。其中,附录部分由郑州轻工业大学马克思主义学院研究生胡梦琪、谢晓慧、张宁、张天、张诗琪、马菲瑶六位同学撰写。马寒负责全书的统稿工作。在本书的撰写过程中,得到了诸多学界同人的关心、支持,部分专家还就一些核心问题给予了悉心指导和精准阐释。特别要感谢河南省哲学社会科学规划办公室、河南省科技厅、郑州轻工业大学社会科学管理处给予的项目支持;感谢郑州轻工业大学杨晓、赵长太、聂海杰、陈亮、闫茂伟、张少停、罗振等博士等对本书提出的宝贵意见和建议。同时,由于写作需要,书中还参阅、引用了许多专家学者的论文、论著,在此一并表示感谢。尽管由于水平有限和时间紧迫,本书中难免会有遗漏甚至错误,但我们希望在培育高素质农业劳动力、推进乡村全面振兴战略实施过程中,本书能发挥一点有益的作用。

马寒
2022年8月于河南郑州

目 录
CONTENTS

第一章　高素质农业劳动力培育问题研究的意义与价值……… 1
　第一节　高素质农业劳动力培育的研究缘起……………… 2
　第二节　培育高素质农业劳动力的战略意义 ……………… 19
　第三节　高素质农业劳动力培育的研究现状与评价……… 26

第二章　高素质农业劳动力培育的理论基础 ……………………… 38
　第一节　农业劳动力的界定及其内涵 ……………………… 38
　第二节　高素质农业劳动力的界定及其内涵 ……………… 44
　第三节　高素质农业劳动力培育的理论基础 ……………… 52

第三章　农业劳动力培育的历史图景与基本模式 ……………… 66
　第一节　我国农业劳动力培育的演进过程 ………………… 67
　第二节　国外高素质农业劳动力培育的主要模式 ………… 75
　第三节　我国高素质农业劳动力培育的主要模式及其特点 ……… 79

第四章　农业劳动力思想道德素质培育 ………………………… 88
　第一节　思想道德素质培育：乡村善治的基础工程 ……… 89
　第二节　农业劳动力思想道德素质状况及影响因素分析 ……… 98

第三节　农业劳动力思想道德素质培育的路径选择…………114

第五章　农业劳动力科技文化素质培育……………………… **122**
　　第一节　科技赋农的争议与我国的政策指向………………**123**
　　第二节　当前农业劳动力科技文化素质状况及问题………**132**
　　第三节　农业劳动力科技文化素质提升的对策………………**149**

第六章　现代农业劳动力经营管理和治理参与素质培育……… **162**
　　第一节　农村融资状况与农业劳动力金融管理能力提升……**162**
　　第二节　农业劳动力产业经营能力的现状与培育路径………**172**
　　第三节　农业劳动力参与乡村治理的状况与能力提升策略……**182**

余论　"未来农业"的未来在高素质农业劳动力 ………………**192**
附录　改革开放以来重大涉农政策大事记……………………**198**
参考文献…………………………………………………………**218**

第一章

高素质农业劳动力培育问题研究的意义与价值

农业是古老而又传统的产业，在人类发展史和人类文明史上始终占据着基础性地位。正如钱穆在《中国经济史》中所言："世界四大文明古国埃及、巴比伦、印度与中国，此四大文明发源地均始自农业。"[①] 劳动是一切社会形态存续的条件和基础，也是一切社会发展的动力和保障。在创造社会财富与推动社会发展的历史进程中，劳动使人的因素与自然因素实现了有机的统一。农业劳动作为特定产业部门具有漫长的历史性和自身的特殊性。其历史性表现在农业劳动作为人类诞生、繁衍、发展的主导性劳动贯穿人类社会发展始终；其特殊性表现在农业劳动所具有的周期性、分散性、地域性等特征。农业劳动的能力和效率是由农业劳动力的素质即农业劳动者素质所决定的，因此提升农业劳动生产力水平必须不断增加优质农业劳动力资源供给。

我国是典型的农业大国，新中国成立以来的70多年，虽然农业占国内生产总值的比重由1950年的66.8%下降到2021年的7.3%，但我们党始终把解决以农业生产力为突破点的"三农"问题作为全党工作的重中之重，着力推进农业农村现代化，坚持藏粮于地、增粮于技、优粮于人，确保把中国人的饭碗牢牢端在自己的手中。没有农业农村的现代化，就没有国家的现代化。当前，我国农业发展模式已由粗放型转向集约型，农业科技、农业装备等对农业生产率的贡献度超过了80%，我国正大踏步地迈向世界农业先进国家行列。然而，应当看到"农产品

[①] 钱穆. 中国经济史 [M]. 北京：北京联合出版公司，2014：6.

阶段性供过于求和供给不足并存，农业供给质量亟待提高；农民适应生产力发展和市场竞争的能力不足，新型职业农民队伍建设亟须加强"①等突出问题依然存在。因此从根本上讲，要推进农业产业整体达到世界先进水平，迫切需要培育大量的高素质农业劳动力。

第一节 高素质农业劳动力培育的研究缘起

18世纪中期，法国重农学派的创始人和重要代表弗朗斯瓦·魁奈（Francois Quesnay）在其著作《人口论 赋税论》中就提出："构成国家强大的因素是人……在增加产品的生产和消费方面，人们本身就成为自己财富的第一个创造性因素……要使不断在恢复和更新的国家财富维持下去并加以扩大，这决定于人们的劳动力的使用和人口的增长。因此，人口状况和人们的劳动力的使用是国家经济政策中的主要对象，因为土地的肥力、产品的售价和资金的合理使用都决定于人的劳动和他们的积极性。"②虽然后来因对农业生产率的理解偏差而逐渐走向教条主义，但他对农业劳动力理论的两个贡献是值得肯定的：一是劳动力的培育和使用状况决定劳动生产率；二是农业劳动总人口的增长与农业发展速度成正比例。当前，现代农业快速发展与全球性粮食危机并存，大规模农业生产与精耕细作传统农业生产的争议不断，追求农产品整体产量与保持基本农产品质量的矛盾正在加剧等。这些问题的存在，一方面说明世界对农业作为基础产业的高度关注，另一方面也说明加快培养高素质农业劳动力已经成为一项世界性课题。

---

① 白雪秋，等．乡村振兴与中国特色城乡融合发展［M］．北京：国家行政学院出版社，2018：262.

② ［法］弗朗斯瓦·魁奈．人口论 赋税论［M］．吴斐丹，张草纫，选译．北京：商务出版社，2021：1-2.

一、高素质农业劳动力培育的国际难题

高质量农业必须有高素质农业劳动力，也就是说要解决农业的可持续发展问题首先要解决农业劳动力培育问题。从历史来看，自欧洲工业革命以来的300余年间，"（城市）人口规模持续增长，不断地、越来越大口地吞噬农业和乡村，使工业化规模与城市化群愈加庞大……世界乡村已经彻底衰落，农业破败不堪，其成长的自然生态资源与人类社会资源基础即将告罄"[①]。城市化还是乡村化，工业化还是农业化，科技化还是生态化，人类社会发展需要对此做出理性回答。从现实来看，由城市工业与乡村农业之间巨大的收益差所形成的人力资源虹吸效应，使农业劳动力或快或慢地不断向城市和工业部门聚集，从而导致了乡村"真空"和农业"衰败"。因而，高素质农业劳动力培育已经成为制约农业发展的国际性问题。高素质农业劳动力是相对于传统农业劳动力而言的，其之所以越来越受到国际社会的关注，与国际农业发展面临的问题有关。

（一）农业劳动力非农化转移问题日益突出

造成农业劳动力非农化转移有两种原因：传统因素与非传统因素。传统因素主要包括前文所述的城市化、工业化对农业劳动力的虹吸效应；农业生产率的提高对农业劳动力需求的减少所造成的农业劳动力绝对剩余；气候变化、土地收益率下降等引发的"撂荒"现象，迫使农业劳动力离开土地和农业生产部门等。据世界银行统计，目前世界55%的人口居住在城市区域，预计到2050年，这一比例将达到66%。人口的城市化集聚在改变人们生活方式的同时，也加剧了城乡间的收入差距。城乡不同经济模式的加速演变，使农业对劳动人口的吸引力不断下

---

① 温铁军，等. 从农业1.0到农业4.0——生态转型与农业可持续[M]. 北京：东方出版社，2021：13.

降。中国社会科学院大学课题组在对经济合作与发展组织（Organization for Economic Co-operation and Development）25个成员国与2个发展中国家的"城乡收入比""农业家庭与非农业家庭收入""城乡家庭人均消费比"三组不平衡面板数据进行对比分析后发现，美国、法国、英国、加拿大等经济发达国家的城乡收入比率较小，而印度、越南等发展中国家的城乡收入比率较大。[①] 其结果就是经济发达国家的农业劳动力转移速率缓慢，甚至出现逆向流动。凯伦·奥莱利（Karen O'Reilly）在《国际劳动力向欧洲农村地区的移民》一书中也关注到了这一现象。而经济欠发达国家的农业劳动力转移速度较快，这种转移不仅体现在城乡生产场域的变化，而且也体现在不同生产部门流转的变化。非传统因素一般由偶然现象引发，例如大规模区域性疾病、大面积区域性自然灾害、区域战争的爆发等。以乌克兰为例，自2022年2月俄乌冲突爆发以来，乌克兰农业受到了严重的发展威胁，700多万农民逃离乌克兰，致使1/4左右的可耕地无人种植。这种被迫性的农业劳动力转移已经成为非传统因素的主要形态。国际非政府组织"世界数据中心"统计资料显示，自2018年到2021年的4年间，因非传统因素造成的农业劳动力转移数量已经超过4.5亿人，达到了自进入21世纪以来的历史最高值。这一问题造成的直接后果就是"无人种地"，这在以小农经济为主的广大发展中国家表现得尤为明显。

（二）土地质量下降造成的农业劳动力"无地可种"

土地质量下降是由自然和人为两方面因素造成的。自然因素最主要的就是气候变化。联合国政府间气候变化专门委员会（Intergovernmental Panel on Climate Change）曾以1980—1989年气候数据为基准，测算出2000年全球气温平均上升了0.4摄氏度，预计2000—2025年的25年间

[①] 郭燕，李家家，杜志雄．城乡居民收入差距的演变趋势：国际经验及其对中国的启示 [J]．世界农业，2022（06）：5-17．

全球平均气温还将上升 0.5 摄氏度，而到本世纪末将比基准气温提高 2 摄氏度以上。① 全球气候变化对农业发展的影响是巨大的，据该委员会测算，全球气温每上升 1 摄氏度，粮食产量将减少 5%。除了气候变化以外，全球范围内可耕种土地的沙漠化、盐碱化等同样不可小觑。目前，全球适宜耕作的土地面积约为 42 亿公顷，实际耕作土地面积约为 15 亿公顷。如果按 78 亿全球人口静态总量计算的话，那么意味着每公顷要养活 5—6 人。人类巨大的生存压力，迫切要求提升土地尤其是可耕作土地质量。然而联合国粮农组织 2022 年最新统计数据显示，全球超过 8.33 亿公顷的土壤受到了盐渍化的影响，占全球陆地面积的近 9%，这一面积比印度国土面积的四倍还要多。由于不合理的农业活动、过度放牧、水资源的不合理利用、急速城镇化、森林缩减等，全球约 1/5 的人口和 1/3 的陆地正面临沙漠化的威胁。而沙漠化区域主要集中在非洲、南美洲、亚洲等气候干旱的发展中国家。据联合国统计，全球约 34% 的土地已经退化，36 亿公顷耕地和牧场受到荒漠化影响，每年由此造成的直接经济损失达 423 万亿美元，而且荒漠化正以每年 5 万—7 万平方千米的速度扩展。全球 26 亿人直接依赖于农业，而用于农业的 52% 的土地受中度或严重的退化影响。由于干旱和荒漠化，全球每年大约失去 1200 万公顷的土地。如果继续这样下去，全球粮食产量到 2035 年将减少 12%。荒漠化的问题在发展中国家表现得尤为突出，甚至已经成为一些国家面临的最大生存危机。例如，2019 年联合国减灾办公室在发布的一份蒙古国减灾报告中指出，该国是全球沙漠化最严重的国家之一，其境内沙漠化和退化的土地总面积占国土面积的 76.9%，并且沙化仍以较快速度在一些地区蔓延，中等、严重和非常严重的退化

---

① Intergovernmental Panel on Climate Change，2014. AR5 Synthesis Report：Climate Chang，http：//www.ipcc.ch/report/ar5/syr
AR5 SynthesB Report：Climate Change 2014 ［EB/R］. Intergovernmental Panel an Chmate Change.

面积正在扩大。在近80年里，该国森林覆盖率比20世纪50年代减少$\frac{1}{2}$多，气候变暖速度则是世界平均变暖速度的3倍多。①

除自然因素外，人为因素造成的土地质量下降同样是巨大的。以美国为例，美国农业是典型的"盎格鲁—撒克逊模式"，即规模巨大、单一种植、高投入高消耗。温铁军教授认为："盎格鲁—撒克逊模式是高投入的农业，需要大量的农药与化肥，并要求在规模化、成片化的土地上耕作。大量现代农业要素的急剧投入，追求资本收益的规模化农业不可避免地带来农业面源污染和食品质量安全的双重负外部的问题。"②据统计，美国31个州存在化肥、重金属污染土地问题。同时，大面积单一化的连年耕作，使可耕地每年流失土壤31亿吨，而大量杀虫剂、除草剂等农药的无节制使用，使美国土壤污染面积高达27.92万平方千米，占可耕地面积的20%左右。③

（三）低水平农业劳动力负载问题严重

低水平农业劳动力负载主要表现在两个方面：一是适龄农业劳动力因科技文化素质较低而无法承担高层级农业劳动；二是未达到法定工作年龄或超过法定工作年龄的劳动力继续从事农业劳动。这两个方面都会直接或间接影响农业劳动生产效率。就第一个方面而言，从整体上看，国际范围内农业劳动力平均受教育程度较以往有了很大的提升。2015年，国际劳工组织（International Labour Organization）对全球64个国家劳动人口素质进行了评估测算，有62个国家接受高等教育劳动人口比例在过去15年中出现了上升趋势，增长比例最快的前三位国家分别是

---

① 梁凡. 多国面临土地荒漠化危机［N］. 工人日报，2021-03-19（08）.
② 温铁军，等. 从农业1.0到农业4.0——生态转型与农业可持续［M］. 北京：东方出版社，2021：88.
③ 郎秀云. 现代农业：美国模式和中国道路［J］. 江西财经大学学报，2008（02）：49-54.

加拿大、卢森堡和俄罗斯。[①] 但这不意味着农业劳动人口受教育程度的同步增长，恰恰相反，在发展中国家农业受教育人口数量较其他劳动部门不仅没有增长，反而出现了下降。例如，2021年埃及45岁以下青年群体中约有17.2%未受到过任何教育，较2000年下降了1.3%，而这些群体绝大多数都是从事农业生产的劳动人口。[②] 即便从静态数据来看，全球农业劳动力科学文化素质也并不乐观。根据美国劳动部、欧盟统计局等数据，2016年美国、英国、法国、德国、荷兰、日本等六个农业发达经济体的农民受教育程度均普遍低于工业、服务业（见图1-1）。按"初中及以下""高中或中职""大专及以上"三档测算，六个国家的综合均值偏差率分别为22.13%、57.66%和20.01%。农业发达经济体尚且如此，那么广大发展中国家尤其是撒哈拉以南非洲、南美洲和部分太平洋岛国的农业劳动人口科学文化素质更是不容乐观。

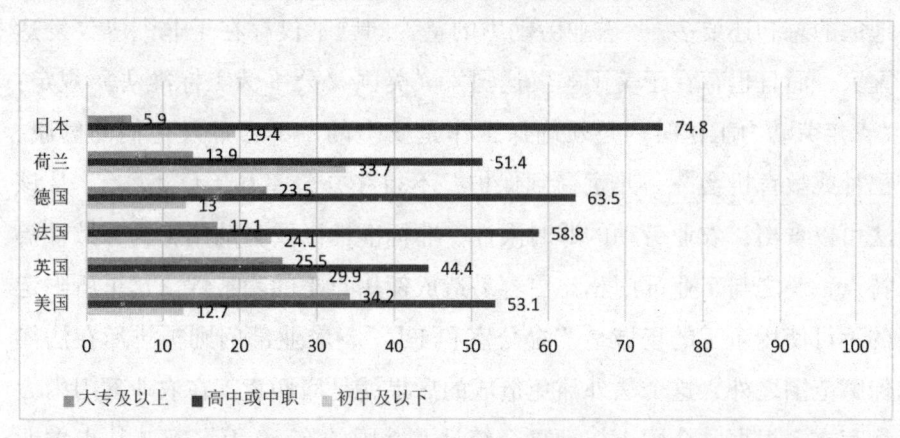

国家	大专及以上	高中或中职	初中及以下
日本	5.9	19.4	74.8
荷兰	13.9	33.7	51.4
德国	13	23.5	63.5
法国	17.1	24.1	58.8
英国	25.5	29.9	44.4
美国	12.7	34.2	53.1

图1-1 2016年农业发达经济体农业劳动力受教育程度占比情况（%）[③]

[①] 国际劳工组织：全球劳动力人口受教育程度上升[EB/OL].央视网，2015-11-18.
[②] 埃及中央公共动员和统计局.埃及45岁以下文盲率为17.2%[EB/OL].腾讯网.2022-09-12.
[③] 易红梅，刘慧迪，邓洋，等.职业教育与农业劳动生产率提升：现状、挑战与政策建议[J].中国职业技术教育，2022（10）：34-41.

除受教育程度较低以外，低水平农业劳动力负载还表现在劳动年龄较小、劳动者性别歧视等方面。其中，最为严重的就是农业劳动力中存在的大量童工问题。童工现象是对儿童权利的侵犯，不仅危及青少年的身心健康，而且由此形成的低水平农业劳动力群体势必导致可持续农业发展受到阻碍。据联合国粮农组织统计，世界各地的童工现象主要发生在农业部门，约占童工总量的70%。1.12亿名童工广泛存在于种植业、畜禽养殖业、林业、渔业或水产养殖业等部门。[①] 在2022年5月举行的第五届全球消除童工大会上，联合国粮农组织总干事屈冬玉表示："在撒哈拉以南非洲，五分之四的童工长时间劳动。这些孩子在种植业、畜牧业、林业、渔业和水产养殖业中从事繁重和危险的工作，无法接受义务教育。"事实上，在撒哈拉以南非洲，从2016年到2020年，童工人数增加了1500多万。撒哈拉以南非洲地区当前的童工人数比世界其他地区的总和还要多。[②] 农业劳动力的童工问题不仅存在于非洲等欠发达国家，而且也存在于美国等发达国家。美国《公平劳工标准法》规定："青年劳动力工作时，必须确保工作是安全的，不会危及他们的健康、福祉或教育机会……儿童受到保护，不得在办公室和工厂工作。"从该法可以看出，农业劳动的非时限性、非标准性以及劳动用工的分散性等特点，使之与工业部门相比更容易造成使用童工的隐蔽性。这里所限定的不可使用童工的场域是"办公室和工厂"，农业部门则被排斥在法律保障范围之外，这个法外豁免造成的后果就是雇佣童工在农业部门内大量存在。根据联合国人权理事会统计，美国约有50万名童工从事农业劳作，每周工作时长平均高达72小时，每天劳作10小时以上也不鲜见。同时，童工因农药致癌风险更是成年人的3倍。近年来，虽然以联合国为代表的一部分国际组织已经注意到童工、妇女等特殊群体在农业

[①] 莱德. 农业中的童工问题[EB/OL]. 联合国粮食及农业组织官网，2021-7-18.
[②] 联合国粮农组织. 联合国粮农组织积极发声，呼吁消除农业领域童工现象[EB/OL]. 联合国粮食及农业组织官网，2021-7-21.

部门的劳动权益问题，为此还出台了如《粮农组织消除农业领域童工现象框架（2021）》并在马拉维、马里、乌干达、尼日尔和坦桑尼亚联合共和国开展相关行动，但效果甚微。自2020年全球新冠肺炎疫情暴发以来，疫情蔓延严重影响了农村人口的社会经济生活，更多数量的童工被用来弥补粮食和其他农业生产劳动力短缺以及由劳动力工资下降而带来的"用工荒"。因此，相较疫情发生前，世界童工总量不仅没有减少，反而增加了840多万人。

二、高素质农业劳动力培育的中国情景

中国是个传统的农业大国，千百年来农业劳动人口一直占据着劳动总人口的绝大多数。虽然近年来，随着城镇化建设的推进，大量农业劳动力从农村转向城市、从农业部门转向工业和服务业等劳动部门，但农业劳动力在推进农业农村现代化过程中的主体性地位始终未变。当前，我国拥有耕地面积19.179亿亩、园地3亿亩、林地42.6亿亩、草地39.67亿亩、湿地3.5亿亩，其中可耕地面积不到印度的3/4。数量庞大的人口和有限的可耕种土地之间的矛盾，决定了我们只能走具有中国特色的农业发展道路。在2017年中央农村工作会议上，习近平总书记曾明确指出："我国城镇化率已接近百分之六十，但作为有着九百六十多万平方千米土地、十三亿多人口、五千多年文明史的大国，不管城镇化发展到什么程度，农村人口还会是一个相当大的规模，即使城镇化率达到了百分之七十，也还有几亿人生活在农村。城市不可能漫无边际蔓延，城市人口也不可能毫无限制增长。现在，我们很多城市确实很华丽、很繁荣，但很多农村地区跟欧洲、日本、美国等相比差距还很大。如果只顾一头、不顾另一头，一边是越来越现代化的城市，一边却是越来越萧条

的乡村，那也不能算是实现了中华民族伟大复兴。"① 这段论述深刻批判了两种错误的观点：一是农业"无用论"；二是城市"优先论"。当前我国正处于实现中华民族伟大复兴的关键期，如期实现第二个百年奋斗目标必须清醒地认识到"最艰巨最繁重的任务在农村，最广泛最深厚的基础在农村，最大的潜力和后劲也在农村"这个现实，必须以提升高素质农业劳动力数量作为解决"三农"问题的关键点和突破口。

（一）农业吸引力降低造成的"留人难"

众所周知，中国自古以来就属于典型的人口稠密型国家，生存条件和人口增繁受到土地等自然资源的强烈约束，这就造就了中国以小块土地进行"精耕细作"的农业生产方式。维系这种生产方式需要四种基本条件：一是必须有大量的农业劳动人口存在；二是必须允许并鼓励农民结成劳动互助社会；三是必须保证土地权能转换不超过农民最低生存限度；四是必须通过政策红利鼓励农民的生产热情和时间投入。新中国成立以后直到改革开放初期的30余年间，由于城市规模较小、工业化水平较低，城市工业创造的少量就业机会不可能容纳大量的农村劳动力转移，加之户籍制度的限制，使农业劳动力无法实现向非农产业聚集。但是随着改革开放的深入，户籍制度的放松尤其是城市工业创造就业岗位的大量增加，以及工农业成本收益的巨大反差，造成了农业吸引力越来越弱，"留人难、难留人"的困境越来越成为农业农村衰颓的显著因素。对于这个问题，习近平总书记指出："农业农村农民问题是一个不可分割的整体。总的看，当前农业基础还比较薄弱，农民年龄知识结构、农村社会建设和乡村治理方面存在的问题则更为突出。比如，一些村庄缺人气、缺活力、缺生机，到村里一看，农宅残垣断壁，老弱妇孺留守，房堵窗、户封门，见到的年轻人不多，村庄空心化、农户空巢

---

① 中共中央党史和文献研究院. 习近平关于"三农"工作论述摘编[M]. 北京：中央文献出版社，2019：11.

化、农民老龄化不断加剧。"[①] 农业吸引力低主要是由于农业整体收益率低，以及农业工业化收益与基本农产品生产收益的巨大反差。以小麦、稻米、玉米三类基本农产品为例，从数据来看，近40年来的价格变化和收益率均赶不上基本工业品的增长变化。以近10年为例，从2011年至2022年的10余年间，小麦价格从1900元/吨涨至现在的3315元/吨，年均涨幅6.77%，稻谷从2040元/吨涨至现在的3766元/吨，年均涨幅7.69%，玉米从2000元/吨涨至2741元/吨，年均涨幅3.36%。相比而言，农村居民人均可支配收入年均增长14.1%。虽然与城镇居民人均可支配收入年均增长的11%相差不大，绝对增长值却远远落后于城镇居民增长变化（见图1-2、1-3）。这还是在农资投入增长、劳动力价格增长、消费价格增长、预期通胀率增长四项限制性因素没有去除情况下的数值。这说明，对于普通农业劳动力而言，基本农产品绝对价格的缓慢增长以及相对价格的不升反降，必然造成农业部门的"留人难"。

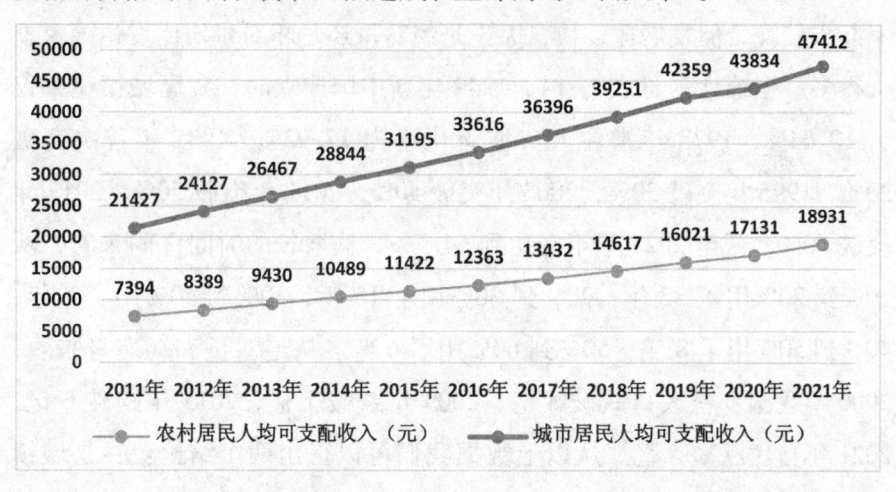

图1-2 城乡居民可支配收入对比（2011—2021年）[②]

[①] 中共中央党史和文献研究院. 习近平关于"三农"工作论述摘编[M]. 北京：中央文献出版社，2019：8.
[②] 数据来源：国家统计局官网

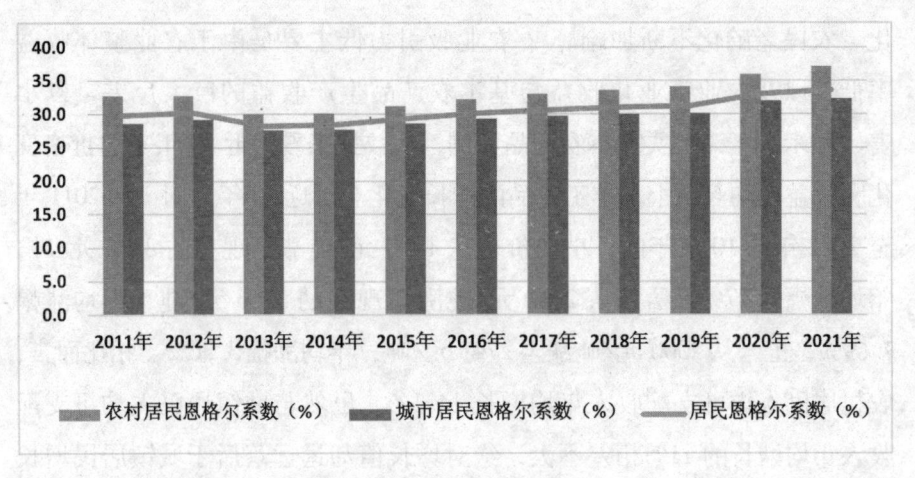

图 1-3　城乡居民恩格尔系数对比（2011—2021 年）[①]

（二）城镇化进程加速农业劳动力转移

城镇化是现代化的前提基础和必然结果。虽然我国城镇化较西方国家起步较晚，但发展速度快，无论是绝对量还是相对量均比发达国家要大得多。据统计（见表 1-1），1949 年新中国成立时，我国城镇化率仅为 10.64%，1978 年常住人口城镇化率为 17.92%，1981 年首次突破 20%，1996 年突破 30%，2003 年突破 40%，2011 年突破 50%，2017 年突破 60%，截至 2021 年年底达到 64.7%。从增长的时间区间来看，从 10%到 20%用了 32 年，20%到 30%用了 15 年，30%到 40%用了 7 年，40%到 50%用了 8 年，50%到 60%用了 6 年。从绝对量和动态量来看，2000 年我国乡村人口跌破 8 亿，2009 年跌破 7 亿，2015 年跌破 6 亿，2021 年首次跌破 5 亿。从以上数据我们可以得出两个结论：一是城镇化在改革开放以来的 40 多年间得到了快速发展，这说明城镇工业化水平和就业吸纳能力显著提高；二是乡村人口尤其是农业劳动人口加速转移。城乡人口变化是我国推进现代化进程的一个缩影。有学者认为，中

---

① 数据来源：国家统计局官网

国的城镇化是依据我国国情而推进的城镇化，因其具有鲜明的中国特色和改革开放特点，而与西方的城市化有着本质的区别，"中国的城镇化面临区域发展不平衡约束，工业化、城镇化水平参差不齐，资源禀赋分布差异很大，区域环境承载能力强弱不均……中国城镇化不能像西方一些国家那样，在城镇规模结构上单一发展大城市或小城镇，在城镇空间布局上片面集中某些地区或发展某种模式，中国只能坚持多元形态，走大中小城市和小城镇相互协调与多样化发展的城镇化道路"[①]。我们无意批判单纯性"城镇化"论或乡村建构学派的理论观点，但有一点是确证无疑的，那就是城镇化加速推进的40多年间，在为城市发展带来大量人口红利的同时，也一定程度地加剧了乡村的衰落和农业生产的危险。从现实情况来看，城镇化对农业生产带来的"负外部性"体现在三个方面：一是用于农业生产的乡村土地被转化为城镇建设用地，造成了农业土地资源的大量减少；二是用于农业生产的乡村优质劳动力转化为城镇市民，造成了农业人力资本的锐减；三是生产要素加速向城镇尤其是工业部门聚集，造成了农业生产要素积累的减少。

表1-1 1978年—2021年城乡人口变化[②]

年份	总人口（万人）	城镇人口（万人）	当年增量（万人）	所占比重（%）	乡村人口（万人）	所占比重（%）
1978	96259	17245	576	17.92	79014	82.08
1979	97542	18495	1250	18.96	79047	81.04
1980	98705	19140	645	19.39	79565	80.61

① 张占斌．改革红利再释放［M］．北京：三联书店，2014：334．
② 数据来源：根据《中国统计年鉴》相关数据整理。

续表

年份	总人口（万人）	城镇人口（万人）	当年增量（万人）	所占比重（%）	乡村人口（万人）	所占比重（%）
1981	100072	20171	1031	20.16	79901	79.84
1982	101654	21480	1309	21.13	80174	78.87
1983	103008	22274	794	21.62	80734	78.38
1984	104357	24017	1743	23.01	80340	76.99
1985	105851	25094	1077	23.71	80757	76.29
1986	107507	26366	1272	24.52	81141	75.48
1987	109300	27674	1308	25.32	81626	74.68
1988	111026	28661	987	25.81	82365	74.19
1989	112704	29540	879	26.21	83164	73.79
1990	114333	30195	655	26.41	84138	73.59
1991	115823	31203	1008	26.94	84620	73.06
1992	117171	32175	972	27.46	84996	72.54
1993	118517	33173	998	27.99	85344	72.01
1994	119850	34169	996	28.51	85681	71.49
1995	121121	35174	1005	29.04	85947	70.96
1996	122389	37304	2130	30.48	85085	69.52

续表

年份	总人口（万人）	城镇人口（万人）	当年增量（万人）	所占比重（%）	乡村人口（万人）	所占比重（%）
1997	123626	39449	2145	31.91	84177	68.09
1998	124761	41608	2159	33.35	83153	66.65
1999	125786	43748	2140	34.78	82038	65.22
2000	126743	45906	2158	36.22	80837	63.78
2001	127627	48064	2158	37.66	79563	62.34
2002	128453	50212	2148	39.09	78241	60.91
2003	129227	52376	2164	40.53	76851	59.47
2004	129988	54283	1907	41.76	75705	58.24
2005	130756	56212	1929	42.99	74544	57.01
2006	131448	58288	2076	44.34	73160	55.66
2007	132129	60633	2345	45.89	71496	54.11
2008	132802	62403	1770	46.99	70399	53.01
2009	133450	64512	2109	48.34	68938	51.66
2010	134091	66978	2466	49.95	67113	50.05
2011	134916	69927	2949	51.83	64989	48.17
2012	135922	72175	2248	53.1	63747	46.90

续表

年份	总人口（万人）	城镇人口（万人）	当年增量（万人）	所占比重（%）	乡村人口（万人）	所占比重（%）
2013	136726	74502	2327	54.49	62224	45.51
2014	137646	76738	2236	55.75	60908	44.25
2015	138326	79302	2564	57.33	59024	42.67
2016	139232	81924	2622	58.84	57308	41.16
2017	140011	84343	2419	60.24	55668	39.76
2018	140541	86433	2090	61.5	54108	38.50
2019	141008	88426	1993	62.71	52582	37.29
2020	141212	90220	1794	63.89	50992	36.11
2021	141260	91425	1205	64.7	49835	35.30

（三）农村家庭结构变化引发的青年劳动人口总量降低

青年劳动力是农业农村现代化的主体力量，也是高素质农业劳动力培育的重点。从宏观层面来看，当前我国人口结构已经发生了重大变化，"由高出生率、高死亡率、低增长率，经过高出生率、低死亡率、高增长率的阶段，转变到低出生率、低死亡率和低增长率"[①] 阶段。人口增长率从20世纪70年代初的6%左右下降到2021年的0.75%。国家统计局2021年统计数据显示，全国26个省份中，有10个省份人口为

---

① 李培林.中国社会［M］.北京：社会科学文献出版社，2011：11.

自然负增长。我国十大产粮大省黑龙江、河南、山东、安徽、吉林、内蒙古、河北、江苏、四川、湖南的人口自然增长率最低为-5.11‰，最高也仅为0.64‰。历史上山东、河南两个人口大省和产粮大省的出生人口下降率最大，2021年较2017年分别下降了57%和43.6%。

从微观层面来看，随着人口结构的总体变化，我国农村家庭和代际结构均发生了重大变化。农村家庭日益离散化、非核心化和老龄化，"扩大型"家庭和"主干型"家庭日益减少。有学者认为，农村正在由核心化家庭主导向离散化家庭主导转变，而与之对应的"四二一"型代际模式①已经成为常态。结合前面分析的情况，当前农村青年劳动力减少已经成为一个不争的事实，原因可以归纳为两个字："离"和"少"。"离"即青年农业劳动力加速逃离农业生产部门，转向非农业部门；"少"即青年农业劳动力的人口补给数量少，新生代青年农业劳动力绝对数量和相对数量急剧减少。"离"和"少"造成的"断崖式下降"的青年农业劳动力越来越成为农业农村现代化的最大制约因素。

（四）农业职业教育发展滞后带来的农业劳动力素质提升困难

教育是农业劳动力素质提升的根本途径，在农业农村现代化中具有基础性地位。一般来讲，农业劳动力培育主要由四种类型的教育承担：第一类是涉农重点高校和农业科研单位，其对应的是高端农业技术人才；第二类是涉农普通高校尤其是涉农职业高校，其对应的是中端农业技术人才、管理人才、服务人才；第三类是涉农中等职业院校、农业广播学校以及各类非学历教育的农业培训机构，其对应的是低端农业劳动力；第四类是县乡级农业技术服务站、涉农企业培训单位、师带徒模式的田间学校等，其对应的是分散型农业劳动力。从农业农村现代化发展趋势看，未来农业的劳动总人口的缺口并不大，所缺少的是中高端的高

---

① 所谓"四二一"型代际模式就是祖辈4人、父辈2人、子辈1人的家庭成员构成模式。

素质农业劳动力，而培育高素质农业劳动力的场域则主要集中在第一、二类。党的十八大以来，党中央高度重视农业劳动力培育问题，出台了以培养新型职业农民为主体的一系列培育发展规划。如2017年农业农村部出台《"十三五"全国新型职业农民培育发展规划》，明确提出到2020年培育全国新型职业农民超过2000万人；2021年又出台《"十四五"农业农村人才队伍建设发展规划》，明确提出"到2025年，初步打造一支规模宏大、结构优化、素质优良、作用凸显，以主体人才为核心、支撑人才和管理服务人才为基础的农业农村人才队伍，形成各类人才有效支撑农业农村发展的新格局"。同时，提出到2025年，培育家庭农场主、农民合作社理事长等乡村产业振兴带头人10万人，辐射带动500万新型生产经营主体负责人发展壮大；农业科研人才量质双升，"神农英才"等领军人才有效增加；农业产业化国家重点龙头企业家超过2000人；返乡入乡创业人员超过1500万人，其中农村创业带头人100万人。从目标完成情况看，"十三五"时期农业劳动力培育任务基本完成：培育家庭农场主、农业合作社带头人549万人，农业科技研发人员和技术推广人员58万人，返乡入乡创业人员1010万人，县级以上农业产业化龙头企业负责人9万人。[①] 不可否认，这其中教育尤其是职业教育起到关键性作用。但也应看到，相较于农业农村现代化发展速度和农业发展规模，农业职业教育还有相当大的发展差距。一方面是农业职业教育院校规模扩张与教育质量不高之间的矛盾亟须解决，另一方面是农业职业教育培养的人才服务农业发展的意愿不强、能力不足等问题依然突出。这些问题的存在对农业劳动力素质的影响将是整体性、长期性的。

[①] 农业农村部《关于印发〈"十四五"农业农村人才队伍建设发展规划〉的通知》（农人发〔2021〕9号）。

第二节 培育高素质农业劳动力的战略意义

2018年7月，习近平总书记就实施乡村振兴作出指示，明确要求："要坚持乡村全面振兴，抓重点、补短板、强弱项，实现乡村产业振兴、人才振兴、文化振兴、生态振兴、组织振兴，推动农业全面升级、农村全面进步、农民全面发展。要尊重广大农民意愿，激发广大农民积极性、主动性、创造性，激活乡村振兴内生动力，让广大农民在乡村振兴中有更多获得感、幸福感、安全感。"[1] 这段论述以及随后中央印发的一系列关于乡村振兴重要文件，均对如何培育高素质农业劳动力，激发乡村振兴内生动力作出了安排和部署。这一方面说明培育高素质农业劳动力是农业生产力发展不可逆转的方向，另一方面也说明高素质农业劳动力在我国劳动力整体结构中的战略地位不容忽视。

一、高素质农业劳动力是实施乡村振兴战略的主体力量

乡村振兴是具有中国特色的乡村发展之路，是解决新时代城乡发展不平衡、农村发展不充分，最终实现城乡共同发展、同步发展、共同富裕的必由之路。关于中国特色乡村振兴之路的内涵，习近平总书记在2017年12月28日至29日召开的中央农村工作会议上用7个"之路"[2]进行了概括。从理论和实践两个层面来看，走中国特色乡村振兴之路必

---

[1] 中共中央党史和文献研究院. 习近平关于"三农"工作论述摘编[M]. 北京：中央文献出版社，2019：19.
[2] 7个"之路"具体为：一是重塑城乡关系，走城乡融合发展之路；二是巩固和完善农村基本经营制度，走共同富裕之路；三是深化农业供给侧结构性改革，走质量兴农之路；四是坚持人和自然和谐共生，走乡村绿色发展之路；五是坚持传承发展提升农耕文明，走乡村文化兴盛之路；六是创新乡村治理体系，走乡村善治之路；七是打好精准脱贫攻坚战，走中国特色减贫之路。

须要有高素质农业劳动力作为支撑。

党的十九大报告将"产业兴旺、生态宜居、乡风文明、治理有效、生活富裕"作为乡村振兴的总要求，明确乡村振兴包含"产业振兴、人才振兴、文化振兴、生态振兴、组织振兴"五大维度的振兴。就功能地位而言，人才振兴居于五个维度的中坚地位。2018年中央一号文件《中共中央 国务院关于实施乡村振兴战略的意见》将"坚持农民主体地位"作为实施乡村振兴的7条原则之一，同时还提出了两个发展指向和五个方面的具体内容。两个发展指向：一个是直接指向一般意义上的"农民"，即要"充分尊重农民意愿，切实发挥农民在乡村振兴中的主体作用，调动亿万农民的积极性、主动性、创造性"。另一个是指向广泛意义上的"农业劳动力"，即要"把人力资本开发放在首要位置，畅通智力、技术、管理下乡通道，造就更多乡土人才，聚天下人才而用之"。五个方面的具体内容是对两个指向的任务部署，分别为大力培育新型职业农民、加强农村专业人才队伍建设、发挥科技人才支撑作用、鼓励社会各界投身乡村建设以及创新乡村人才培育引进使用机制。2021年2月，中共中央办公厅、国务院办公厅印发的《关于加快推进乡村人才振兴的意见》再次明确"乡村振兴，关键在人"，并将"坚持把乡村人力资本开发放在首要位置，大力培养本土人才，引导城市人才下乡，推动专业人才服务乡村，吸引各类人才在乡村振兴中建功立业，健全乡村人才工作体制机制，强化人才振兴保障措施，培养造就一支懂农业、爱农村、爱农民的'三农'工作队伍"作为乡村人才振兴的实践指向和基本目标。国家一系列相关政策的颁布和实施，为汇聚高素质农业劳动力服务乡村振兴提供了政策保障。

从现实来看，2021年12月17日，农业农村部颁布的《"十四五"农业农村人才队伍建设发展规划》，根据不同类型人才的功能定位，将农业农村人才划分为主体人才、支撑人才和管理服务人才3个大类、10支人才队伍。通过实施"神农英才"计划、产业振兴带头人"头雁"

项目、"百千万"农业企业家培育项目、农村带头人培育行动、农村改革服务人才轮训计划、高素质农民培育计划等，打造既有"顶天"的专家型战略人才，又有"立地"的普通农业人才的立体式乡村振兴人才体系。乡村振兴人才体系是我国多年来大力推进高素质农业劳动力培育的必然结果。据统计，截至2021年年底全国家庭农场主、农民合作社带头人已达到549万人，农业科技研发人员和技术推广人员58万余人，返乡入乡创业人员1010万人，县级以上农业产业龙头企业负责人9万余人，如果再加上"十二五""十三五"时期培育的新型职业农民、现代青年农场主、农村实用人才带头人、农机大户和农机合作社带头人、新型农业经营主体带头人等3000余万人，那么高素质农业劳动力总量已有5000余万人，约占乡村总人口的10%、农业劳动人口的30%。按照《"十四五"农业农村人才队伍建设发展规划》的目标，到"十四五"末，这一比例有望分别达到25%和50%。这就是说，按照《关于实施乡村振兴战略的意见》提出的"三步走"发展规划，到2025年前后高素质农业劳动力无论在数量上还是质量上都将成为乡村振兴的主力军，这就在客观上提出了加快培育高素质农业劳动力的时代任务。

二、高素质农业劳动力是推进农业农村现代化的核心动力

党的十八大以来尤其是"十三五"时期，我国农业农村事业得到了快速发展，现代化农业、现代化农村和现代化农民建设取得了突出的成绩，为进一步提升未来农业农村现代化水平打下了坚实的基础。但是由于传统城乡体制尚有一些不同、农业生产要素和农村发展要素未能得到有效补给等，所以制约农业农村现代化的不利因素还将长期存在。对此，早在2014年，习近平总书记在江苏调研时就指出："没有农业现代化，没有农村繁荣富强，没有农民安居乐业，国家现代化是不完整、不全面、不牢固的。发达地区在这方面一定要带好头、领好向，把工业

化、信息化、城镇化、农业现代化同步发展真正落到实处。"① 2021年中央一号文件《关于全面推进乡村振兴 加快农业农村现代化的意见》的引言部分深刻指出："全面建设社会主义现代化国家，实现中华民族伟大复兴，最艰巨最繁重的任务依然在农村，最广泛最深厚的基础依然在农村。解决好发展不平衡不充分问题，重点难点在'三农'，迫切需要补齐农业农村短板弱项，推动城乡协调发展；构建新发展格局，潜力后劲在'三农'，迫切需要扩大农村需求，畅通城乡经济循环；应对国内外各种风险挑战，基础支撑在'三农'，迫切需要稳住农业基础盘，守好'三农'基础。"同年，国务院颁布的《关于印发"十四五"推进农业农村现代化规划的通知》则用了大量篇幅对"十四五"时期推进农业农村现代化的发展环境、发展特征、发展战略进行了阐述。这个文件最大的亮点就是全面系统地总结了新时代农业农村现代化建设面临的四个方面的矛盾和挑战，以及三个大类的阶段性特征。从矛盾和挑战来看，农村三产融合发展水平不高、农业质量效益和竞争力不强等基础性矛盾依然突出；城乡要素双向自由流通和平等交换存在壁垒、人才服务乡村振兴的能力和保障机制不高不全等发展短板弱项较多；农村人口尤其是有效农业劳动人口流失严重，谁来种地的问题亟待科学解答；脱贫地区农村产业基础薄弱、农民内生动力和自我发展能力不足等现实问题未能较好解决。这些现实矛盾和挑战既由我国特殊的国情农情、农业产业特点和乡村地域特征所决定，更受到我国农业劳动力结构和质量的影响。无论从历史角度还是现实角度来看，农业家庭经营占主导地位、"大国小农"的基本国情农情都将长期存在。我们不能像也不可能像西方发达国家一样，通过完全资本化运作方式来实现农业农村的现代化，这不仅是涉及14亿人口的吃饭问题和国家政治安全的重大问题，更是涉及中华民族伟大复

---

① 中共中央党史和文献研究院. 习近平关于"三农"工作论述摘编[M]. 北京：中央文献出版社，2019：32.

兴和社会主义现代化国家能否实现的战略问题。因此，推进农业农村现代化既要保持足够的历史耐心，又要瞄准主攻方向和主攻点。

　　早在18世纪，法国古典经济学家魁奈在《人口论 赋税论》一书中就认为，"构成国家强大的因素是人……人口状况和人们的劳动力的使用是国家经济政策中的主要对象，因为土地的肥力、产品的售价和资金的合理使用都决定于人的劳动和他们的积极性"①。马克思主义认为，人是生产力中最活跃的因素，在生产力发展中居于主导地位。从本质上讲，农村农业现代化就是现代农业生产力的现代化和生产形式、生产关系的现代化，其核心就是农村农业中"人"的现代化。要使"人"即农业劳动者现代化首先要调动"人"的积极性，让农业劳动者在参与农业生产和农村发展中获得"自我满意"和"群体满意"的劳动收益，使农业成为最有奔头的产业，使农民成为令人羡慕的职业。从国内外农业发展史来看，要做到这一点，的确不太容易。威廉·配第在《政治算术》一书中就对处于资本主义早期的英国、法国、荷兰等国家的农业发展进行了系统考察。他发现，这些国家有一个共同的特点就是"愿意当农民的很少"②。原因在于农业劳动收益较工业生产和商业贸易的收益要低得多，这就造成了大量的农业劳动力转向非农产业，"如果现在每天挣8便士左右的英格兰农民转业为工匠，从而每天赚16便士的话，那么放弃农业，土地完全不用农耕，而只利用它来放马、饲养乳牛或辟为花园和菜园，这会对英格兰更为有利"③。这里实际上已经涉及农业劳动力积极性不高的问题，不过无论是魁奈还是配第均只是点出了问题的表象，没有深入探究蕴含其中的政治经济学原理，因而就农业发展而言自然无法得到解决这一问题的答案。党的十八大以来，我们党

---

① [法]弗朗斯瓦·魁奈.人口论 赋税论[M].吴斐丹，张草纫，选译.北京：商务出版社，2021：1-2.
② [英]威廉·配第.政治算术[M].北京：商务出版社，2021：53.
③ [英]威廉·配第.政治算术[M].北京：商务出版社，2021：53.

立足国情农情从宏观和微观两个层面就如何调动农民积极性、推进农业农村现代化作出了重大战略部署。宏观层面最重要的就是加快城乡融合发展，具体来讲就是"城镇化必须同农业现代化同步发展，城市工作必须同'三农'工作一起推动。要坚持工业反哺农业、城市支持农村和多予少取放活方针，推动城乡规划、基础设施、基本公共服务等一体化发展，增强城市对农村的反哺能力、带动能力，形成城乡发展一体化的新格局"[①]。微观层面就是人力、智力、技术、装备、资金等生产要素向农业农村倾斜，弥补农业农村现代化过程中要素不足的问题。应当说，近些年通过宏观政策引导和微观政策调控，我国完成了消除绝对贫困和区域性整体贫困的艰巨任务，农业综合生产能力稳步提升，农民收入水平大幅提高。截至2021年年底，农村居民人均可支配收入达到17131元，较2010年翻了一番多，城乡居民收入差距也由2010年的3.23∶1缩小到2.56∶1。在此背景下，农业劳动力参与农业农村现代化建设的积极性和主动性不断提升。

三、高素质农业劳动力是实现农村共同富裕的命脉所在

共同富裕既是社会主义的本质要求，也是中国式现代化的重要特征。我国的共同富裕有着鲜明的中国特色和时代特点，就其内涵而言有四个维度，即全体人民的共同富裕、物质和精神的双富裕、城乡差距逐步缩小的相对共同富裕而不是整齐划一的形式上的绝对共同富裕、不是同步同时富裕而是循序渐进的共同富裕。农业劳动力既是实现农村共同富裕的最大受益者，也是最大建设者。脱离农业劳动力的共同富裕既不现实，更不可能长久维持。在2013年的中央农村工作会议上，习近平总书记就一针见血地指出："'谁来种地'这个问题，说到底，是愿不

---

① 中共中央党史和文献研究院. 习近平关于"三农"工作论述摘编[M]. 北京：中央文献出版社，2019：37.

愿意种地、会不会种地、什么人来种地、怎样种地的问题。核心是要解决好人的问题,通过富裕农民、提高农民、扶持农民,让农业经营有效益,让农业成为有奔头的产业,让农民成为体面的职业,让农村成为安居乐业的美丽家园。"[①] 当前,由于历史和现实两个方面,造成了农村生产力发展缓慢、农业劳动人口收益率长期低于非农劳动人口,从而影响了农村共同富裕前进的步伐,正如习近平总书记指出的那样,"促进共同富裕,最艰巨最繁重的任务仍然在农村"[②]。为了推进了农村共同富裕,中央出台了一系列重大举措。例如,通过多种措施巩固拓展脱贫攻坚成果,确保不发生规模性返贫和新的致贫;实施乡村全面振兴,加快农业产业化,盘活农村资产,增加农民财产性收入;加强农村基础设施和公共服务体系建设,改善农村人居环境等。这些措施在促进农村富裕、农民增收方面的确发挥了重大作用,应当看到这些措施多为外部力量赋予,而农村富裕的关键在于激发农民的内生动力、提高农民的自我创富能力,就是要"提高农民素质,培养造就新型农民队伍。培养有文化、懂技术、会经营的新型农民"[③]。

从数据来看,一方面,耕种面积的增加和单位产量的增长为农民增收奠定了基础。目前,我国粮食产量连续19年保持增长态势,年产量连续8年保持在1.3万亿斤以上。2021年,全国夏粮播种面积39657万亩,比2020年增加398.2万亩,单位产量增长明显,农业科技对粮食生产的贡献率超过60%。另一方面,随着高效农业的发展和农业科技的广泛运用,农民的农业经营性收入占总收入的比重也在不断增加。但是也应当看到,随着农业产业化的深入推进,多重"负外部性"的消极作用日益加重,例如,经济作物种植面积增长不断挤压主粮生产,农

[①] 十八大以来重要文献选编:上[M].北京:中央文献出版社,2014:678.
[②] 习近平.扎实推动共同富裕[J].求是,2021(20):8.
[③] 十八大以来重要文献选编:上[M].北京:中央文献出版社,2014:679.

药、化肥等的过度施用造成土地肥力下降和面源污染①，城镇化加速发展造成的农业生产"要素再定价"权限降低，尤其是农业劳动力直接或间接地被二、三产业定价，使得大量优质农业劳动力流向二、三产业。这些问题的存在，一方面使农业生产的后劲严重受限，另一方面也造成了一、二、三产业整体结构性失衡，使第一产业在国民经济创富贡献的比率进一步降低。新时代条件下，推进农村共同富裕任务十分艰巨，破解问题的关键就在于培育高素质农业劳动力，使"人"的要素在农业生产要素中发挥基础性和主导性功能。2021年，农业农村部颁布的《"十四五"农业农村人才队伍建设发展规划》在全面分析我国农业农村人才状况、面临的发展机遇和发展任务的基础上，明确提出了"十四五"期间农业农村人才队伍发展目标，即"到2025年，初步打造一支规模宏大、结构优化、素质优良、作用凸显，以主体人才为核心、支撑人才和管理服务人才为基础的农业农村人才队伍，形成各类人才有效支撑农业农村发展的新格局，促进农业高质高效、乡村宜居宜业、农民富裕富足"。这段论述的核心点有三个：第一，需要突出创富带头人共富引导作用，做强中坚队伍；第二，需要培育大量适应农业农村发展趋势和市场规律的高素质农业劳动者队伍，做大主体队伍；第三，需要优化服务管理队伍结构，壮大支撑和保障队伍建设。由此可见，国家在统揽乡村振兴、农业农村现代化和农村共同富裕三大战略性任务中，已经充分认识到培育高素质农业劳动力的极端重要性。

第三节 高素质农业劳动力培育的研究现状与评价

农业劳动力培育是学术界研究的热点问题之一。近年来，随着未来

---

① 据2011年国务院公布全国面源污染普查，农业成为面源污染贡献度最高的产业，总磷贡献高达67%，总氮贡献接近60%。

农业、生态农业、可持续性农业等新兴农业的蓬勃发展,学界的研究论域、视角和范式均发生了较大转变。在农业劳动力培育领域逐渐呈现由传统文化素质和劳动技能培育向综合性新型职业化农业劳动力培育方向转换的趋势。

一、国外关于农业劳动力培育的研究现状

通常来看,国外关于农业劳动力的界定有两层含义:一是泛义上的农业劳动者(Generalized agricultural laborers),既包括一般意义上的农民,也包括从事农业生产和农业服务的产业工人;二是狭义上的农业劳动者(Agricultural labourers in a narrow sense),主要指职业化的农民(farmers)而非传统意义上的农民(peasants)。无论是农业产业工人还是职业化农民,都说明国外学界研究的理论基础被框定在人力资本的范畴之内,并以此为指向向实践领域延伸。我们可以将其概括为"人力资本—职业化农民"培育研究范式。由于相关基础理论研究将在下一章有所涉及,这里仅就当前国外实践层面的研究进行梳理分析。

(一)关于农业劳动力教育与农业经济发展关系的研究

对农民教育的价值,以及农民教育与农业经济发展的关系,国外学界做了大量的研究工作。在农民的教育价值方面,1964年西奥多·舒尔茨(Theodore W. Schultz)在其代表作《改造传统农业》中列出专节对"教育的价值"进行了探讨,强调以教育为核心的农业人力资本投资是改造弱小农业、推进农业经济增长的根本途径,"总而言之,一个受传统农业束缚的人,无论土地多么肥沃,也不能生产出许多食物。节约和勤劳工作并不足以克服这种类型农业的落后性。为了生产丰富的农产品,要求农民获得并具有使用有关土壤、植物、动物和机械的科学知识的技能和知识……使得这种改造成为可能的知识是一种资本的形式,这种资本需要投资——不仅对体现了部分知识的物质投入品投资,而且重要的是向农民投资"①。美国学者帕维里斯通过对1929年至1972年美国农业生产情况研究后发现，农业产量增长取决于农业生产率，而农业生产率与农业劳动力素质和农业科技进步有着直接的关系。他认为，第二次世界大战以后，美国政府大力发展农业职业教育，提高农民职业化水平为农业发展奠定了基础，"各州的赠地农业院校和在院校中设立的农业试验站以及各县的农业技术推广站、农业技术指导员成了有组织的强大推动力量……这种农业教育、科研和推广三位一体的制度在美国农业科技革命中起了非常好的作用"②。据统计，1966年在农学院注册的学生为2.3万人，占总注册比的1.2%，而到了1982年则增长到了25.9万人，占总注册比的2.4%。这就印证了美国农业教育对农业经济发展具有直接推动作用。

（二）关于区域性农业劳动力教育培育的差异性研究

区域性农业劳动力教育有两种研究倾向：一种是对一个国家或地区进行纵向比较研究；另一种是对不同国家或地区进行横向比较研究。亨利·A.华莱士（Henny Agard Wallace）重点研究了撒哈拉以南非洲国家的农业教育，作为一个区域整体的南非国家普遍缺乏明确的农业职业教育，这就导致了高层级农业技术人员的缺失和农业技术的滞后。同时，由于农耕文明未能有效生成或传承，南非国家农业劳动力对土地的情感和对农业生产的兴趣较低。③ 詹姆士·J.海克曼（James J. Heckman）在《提升人力资本投资的政策》一书中考察了美国、中国等国家对人力资本投资的实践和政策走向，并对教育的人力资本投资收益进行测量和计算。他认为，教育投资的目的是促进劳动力技能的增长，而

---

① [美]西奥多·W.舒尔茨.改造传统农业[M].北京：商务印书馆，1987：153.
② 陈宝森.美国经济与政府政策：从罗斯福到里根[M].北京：社会科学文献出版社，2014：223.
③ Wallce I, Mantzou K; Taylor P. Policy Options for Agricultural Education and Training in Sub-Saharan Africa: Report of a Preliminary Study and Literature Review. AERDD Working. . Reading, UK: University of Reading, . 1996, 96.

"技能形成过程是一个具有极强的协同性的动态过程。由一项技能可以促成另一项技能，通过早期的投资可以促进后期的投资"[1]，其中"非认识型技能"和"个人动机"是个人成功的两大决定性因素。相对而言，美国对青少年的教育投入增长要落后于中国，这必将导致美国潜在劳动力素质的下降。伯索尔（J. R. Birdsall）采用实证分析的方法对加纳、秘鲁、马来西亚等国家农业教育进行了研究，认为欠发达国家职业教育的缺失直接影响到了农业劳动力素质的提升，而农业劳动力素质的弱化则造成这些国家农业生产力长期徘徊在较低水平。斯坦福大学胡佛研究所研究员马若孟以微观经济视角考察了1890年至1949年山东、河北等华北地区的农村发展状况，与并1990年以后该地区的农业发展状况进行了对比。他认为，像中国这样"大国小农"的情境长期存在，就是因为传统农业教育（家庭族群农业劳作示范教育）始终占据主导地位。这种教育形态使农民对超出一定规模的农场面积进行更多的农业资本投入保持谨慎态度，影响了现代农业发展和技术进步。[2] 此外，日本学者北原淳、印度学者阿玛蒂亚·森、美国学者罗兹·墨菲等人对东南亚、印度、拉丁美洲等国家和地区的农业劳动力教育也有一定的研究。

（三）关于微观层面农业劳动力教育研究

这类研究主要集中在农业经营人才结构性缺陷、新型农业经营主体的发展、农业人力资本投资、新生代农业劳动力教育政策保障等领域。在这些研究领域中，学界尤以农业劳动力老龄化问题和新型农业经营主体培育为关切的重点。自20世纪80年代以来，包括农业劳动力在内的老龄化问题就已经成为一个世界性难题。盖尔和汉德森通过测算认为，

---

[1] [美]詹姆士·J. 海克曼. 提升人力资本投资的政策[M]. 上海：复旦大学出版社，2003：2.
[2] [美]马若孟. 中国农民经济[M]. 南京：江苏人民出版社，1999：141.

自 1980 年代以来进入农业生产领域的劳动人口中，年龄在 25—34 岁之间的壮年劳动力人数下降了 30%，18—25 岁的青年劳动力下降了 50%。① 辛西亚·伍德森（Cynthia Woodsong）认为发达农业国与欠发达农业国都存在着严重的老龄化问题，发达农业国可以通过技术进步和先进农业机械来弥补老龄化带来的农业发展滞后风险，但如拉丁美洲等欠发达农业国却没有这样的条件。这是造成两类国家发展鸿沟越拉越大的关键因素。② 随着国际范围内农业生产越来越呈现出规模化、合作化、公司化的趋势，学界对新型农业经营主体教育的研究也表现出了浓厚的兴趣。日本学者七户长生等认为，应当通过更为专业的职业教育提升农场主的技术素质和经营能力，同时鼓励青年劳动力通过职业教育回流到农业生产领域。③ 美国学者弗雷德里克（H. Frederick）、大卫·H. 哈林顿（David H. Harrringtong）、保罗·卡普拉特（Paul Caplat）、帕斯卡·马蒂（Pascal Marty）等人也都从不同角度论述了职业教育对农场主规模化经营的影响。

二、国内关于农业劳动力培育的研究现状

自二十世纪二三十年代兴起的乡村建设运动和田野社会研究以来的近百年间，"农业劳动力"就贯穿乡村社会建设研究的始终。从研究历程看，总体上经历了初创（20 世纪 20 年代至 20 世纪 50 年代中期）、低谷（20 世纪 60 年代初至 20 世纪 70 年代末）、恢复（十一届三中全会至党的十六大）、发展（十六届五中全会至党的十九大）、勃兴（党

---

① GAle F, HENDERSON D. Estimating entry and exit of U.S farms, U.S. [J]. Staff Reports，1991.
② WOODSONG C. Old farmers, invisible farmers: Age and agriculture in Jamaica [J]. Journal of Cross-Cultural Gerontology, 1994, 9 (03), 277-299.
③ [日] 七户长生. 日本农业的经营问题：现状与发展逻辑 [M]. 北京：中国农业出版社，1994：139-246.

的十九大以来）五个阶段。从学科归属看，从起初集中于政治学、社会学等学科领域向马克思主义理论、历史学等多学科转变；从研究方法看，从描述性叙事、定性分析向实证研究、案例研究、数理分析等现代研究方法转换；从理论支撑看，从西方社会治理理论主导范式转向了以马克思主义人学理论和劳动培育理论为内核的"本土化"学术研究范式；从研究重点看，经历了从初创阶段聚焦劳动力素质批判与重构，到改革开放以后聚焦知识型农业劳动力培育，再到党的十九大以来聚焦全方位的高素质农业劳动力等研究重点的转换。

在以上学术发展史基础之上，近年来，随着乡村振兴战略的实施和新型城镇化建设的推进，学界对农业劳动力培育的关注度越来越高。主要集中在农业劳动力转移、农业劳动力发展趋势、农业劳动力培育政策、农业劳动力培育实践以及不同类型农业劳动力主体素质状况与提升策略等研究领域。

（一）关于农业劳动力发展的整体趋势

随着农村剩余劳动力向非农化、城市化转移，自20世纪90年代中期以来，我国农业劳动力整体呈现兼业化、老龄化等趋势。党的十九大尤其是2020年新冠肺炎疫情暴发以来，由于城市工业部门就业吸纳能力减弱而出现了农业劳动力小范围回流，但总体趋势并未得到彻底的改变。罗玉兰等学者认为，劳动力结构在年龄、性别、素质等方面的变迁，加剧了农业现代化的困境与挑战。[①] 蔡弘、杨文娟、李刘艳、杨阳等通过对30个省份面板数据以及安徽、河南等农业劳动力转移较大省份的实证调研后发现：在性别结构上，农村妇女非农化进程加快；在年龄结构上，农业劳动力老龄化正在加深，农村人口老化与农业人口老化问题并存；在素质结构上，农业劳动力受教育水平提升极为缓慢；在流

[①] 罗玉兰．农业劳动力结构变迁视角下的农业现代化路径选择［J］．农业经济，2021（11）：79-81.

动结构上,农业发展对剩余劳动力的挤出效应以及城镇化、工业化的劳动力虹吸效应将持续发挥。[①] 对此,有学者建议在全面推进乡村振兴战略过程中,应通过树立农业劳动力安全观,加速启动农民职业化工程,改变农业生产的组织经营方式、加大农业社会化和农村数字化建设等措施来解决农业劳动力数量不足和质量不高等问题。[②] 陈锡文等认为,随着农业生产力的提高,农村富余劳动力的剩余时间迅速增加,这既为农民实现农外就业创造了条件,也进一步促进了农村产业变革。改革开放以来的40多年间,一方面市场在农村要素配置、农业劳动力流动等方面的主导作用越来越明显,另一方面党和政府不断加大对农业农村发展和农村劳动力流动就业的支持,深刻推进了传统城乡关系的变革。也就是说,农业劳动力向城市化、工业化方向流动既是市场经济发展的需要,也是我国产业结构变革的必然结果。[③] 黄祖辉等认为,当前农业劳动力发展最大的问题就是后继无人,新生代农民不愿务农、不会务农等问题的长期存在,将成为制约农业农村现代化建设的最大瓶颈。[④]

(二) 关于以新型职业农民培育为主要内容的农业劳动力研究

这个领域的研究主要有三个方向:第一,培育政策研究。乐昕等认为,在"中国之治"语境下,新型职业农民培育具有三个层面的显著制度优势,即紧密结合我国农业农村基本国情、直指新时代城乡二元结

[①] 蔡弘,杨文娟.农业人口结构变动特征及其对乡村振兴的政策启示——基于安徽省农业普查数据的分析[J].云南农业大学学报(社会科学版),2022,16(01):1-8.

[②] 李刘艳,杨阳.乡村振兴进程中农业劳动力转移对粮食生产的影响——基于30个省级面板数据的实证检验[J].河南师范大学学报(哲学社会科学版),2022,49(02):93-99.

[③] 陈锡文,等.中国农村改革40年[M].北京:人民出版社,2018:228-287.

[④] 黄祖辉,宋文豪,叶春辉,等.政府支持农民工返乡创业的县域经济增长效应——基于返乡创业试点政策的考察[J].中国农村经济,2022(01):24-43.

构、全面运用"改革发展稳定"关系准则。① 隋筱童认为,我国农业劳动力培育的政策起点是对"农民主体"的承认和维护,提出了乡村振兴视域下的"农民主体"在政策内涵上包含四个层面的逻辑:以集体主体为实践主体的社会群体;以农村土地集体所有制为基础的生产主体;能参与市场议价的组织主体;能从兼业化向专业化、碎片化向规模化、传统经营向现代生产方式转变的新型职业农民。② 周桂瑾等则从各省市的具体政策出发考察了农业劳动力培育的必要性和应然性,提出了持续加强高素质农民培育政策支持、有效开展全产业链精准培育、着力推进职业农民创业支持网络建设、提升职业农民培育供给能力、完善新型职业农民培育绩效考核与激励机制等政策建议。③ 丁红玲等以制度结构的适应性效率逻辑原理,以促进新型职业农民培育过程中政府机制与市场机制的协同运转作为基本逻辑思路,设计了新型职业农民培育制度体系,以优化新型职业农民培育的政策制度的有效供给。④ 第二,培育方法研究。这方面的研究成果丰硕,仅中国知网近3年收录的论文就有3000余篇。我们梳理了一下这些成果,大致有四个方面的研究动向:一是农业劳动力培育的"盲点"识别与应对方法;二是"互联网+"与农业劳动力培育衔接的方法;三是涉农院校、涉家企业和政府政策支持"三位一体"的培训体系构建问题;四是中外农业劳动力培育方法的比较问题。根据研究需要,这部分内容不再赘述。第三,培育绩效评价研究。陈春霞、袁洁等基于374个农业经营主体的实证调研,对新型职业

---

① 乐昕,彭希哲."中国之治"语境下的职业农民制度优势及其转化路径[J].学习与实践,2020(07):35-43.
② 隋筱童.乡村振兴战略下"农民主体"内涵重构[J].山东社会科学,2019(08):97-102.
③ 周桂瑾,吴兆明.乡村振兴战略下江苏省新型职业农民培育:现实基础、瓶颈问题与优化路径[J].职业技术教育,2020,41(33):15-21.
④ 丁红玲,郭晓珍.新型职业农民培育制度体系框架构建研究[J].中国成人教育,2018(02):152-160.

农民胜任素质现状进行了评估，认为现行培育绩效评价方式存在对标不准、效度不高等问题。同时针对这些问题设计了基于逻辑可分析的"新型职业农民素质胜任评价量表"。①潘泽江、张焰翔等运用DEA绩效评价方法，分析了宜都市等7个试点市（县）新型职业农民培育的投入产出效率。认为绩效评价存在现行指标设置不合理、测量方法陈旧等问题，不能很好地反映农业劳动力培育的真实效果。②陈静宜在对具体区域农业劳动力培育进行考察的基础上，认为现行培育绩效分析存在全面性不足、先进性不够等缺陷，提出了背景评估、资源输入评估、反应过程评估、效果评估及跟踪服务评估5个层次的评价分析框架。③

（三）关于不同类型农业劳动力主体素质状况与提升策略

这部分内容的研究主要有两个层面：第一，从参与主体层面，主要考察乡村精英、新型经营主体、新生代农民、留守妇女等不同群体的基本素质和劳动技能培育状况；第二，从内容层面，主要考察农业劳动力的思想政治素质、科技信息素质、经营管理素质等具体状况。这里仅就内容层面的研究成果做简要梳理。关于农民思想政治素质，郭雄伟等认为当前农民存在着身份转换意识弱、政治参与度不高、文明道德需要提升、封建思想尚有留存等问题，因此要加强农村基础教育和乡风文明治理。④洪佳婧从不同侧面分析了新型城镇化、乡村振兴进程中农民的思想政治状况，认为当前农民在政治觉悟、思想观念和生态文明意识等方面与新型职业农民存在差距，必须通过打造思想政治教育新环境、探索

---

① 陈春霞，袁洁，石伟平．乡村振兴背景下新型职业农民胜任素质现状评估——基于374个农业经营主体的实证调查［J］．职教论坛，2021，37（11）：50-59．
② 潘泽江，张焰翔，潘昌健．新型职业农民培育的绩效评价及对策研究［J］．湖北农业科学，2020，59（19）：174-177．
③ 陈静宜．湛江市新型职业农民培育绩效分析［J］．现代农业科技，2020（18）：241-246．
④ 郭雄伟．城镇化进程中新型农民思想政治教育问题的探究［J］．科学咨询，2021（04）：120-121．

新的教育模式、健全管理的新机制和提高教育队伍战斗力四个维度培育好新型职业农民的思想政治素质。① 关于农民科技信息素质，杨兰伟等在分析河北等省份农业科技信息基本情况后认为，农业信息迅速发展与农民接收能力和接收效率不对等的矛盾长期存在，其原因主要是政府统筹力度不够、城乡二元结构造成农村获取信息难度加大、农村科技信息市场缺乏、农业科技信息人才缺乏且服务能力不强、农民信息意识淡薄等。因此，必须通过加强农村基础设施建设、改善信息传播条件、培育农民信息获取能力等途径加以解决。② 曹忠德、滕小华等认为由于受国家城乡二元结构政策影响、农村基础教育薄弱、农民市场意识不强等因素制约，造成了当前农民对科技信息的认识程度较差等问题。③ 还有学者从农业高校、政府、农业科研单位的科技信息推广等方面对农民科技信息素质进行研究，并提出了诸多政策建议。关于农民经营管理素质，刘海丰、高山等认为农民经营管理能力包括市场预测和分析能力、决策能力、管理财务能力、管理生产能力、管理设备能力等，要针对农民尤其是新型职业农民的经营管理需求，制订科学培训计划、设置培训内容、强化培育教师队伍建设等。④ 邓湧等则认为根据国际通行标准，新型职业农民的经营管理能力应包括9个方面，即市场分析和预测能力、决策能力、财务管理能力、生产管理能力、人力资源管理能力、产品质量管控能力、设备管理能力、信息技术处理能力、参与农业保障的意识和能力。针对当前农民经营管理存在的问题，提出要尽快通过立法保

---

① 洪佳婧．思想政治素质提升视域下新型职业农民培育路径研究［J］．农村经济与科技，2020，31（07）：363-364．
② 杨兰伟，牛细婷．农业科技信息对提高农民文化素质作用研究［J］．农业图书情报学刊，2011，23（06）：165-167．
③ 曹忠德，滕小华．影响农村科技传播的农民文化素质研究［J］．东北农业大学学报（社会科学版），2007（01）：10-12．
④ 刘海丰，高山，穆群．明确新型职业农民经营管理能力构成 实施有针对性的培训策略［J］．吉林农业，2016（24）：40．

障、整合教育资源、完善培训课程体系、建立培训基地以及加强培训体系监督评价等方式加以解决。① 朱海东、葛廷进、毛梅等人还通过对不同省份和具体区域的微观调研来分析当前农业劳动力经营管理素质状况，用大量的数据得出了令人信服的结论。

三、高素质农业劳动力培育研究的评价及未来研究锚点

虽然有学者认为，自工业革命以来，传统农业已经逐步让位于现代工业，因而关于农业领域的研究随之式微，"自17世纪初期以来，科学成为显学，由欧洲起源，逐步遍布全球，随即传统农业退却，对农业的关注度日益减少。关于农业的研究成为一种碎片化的存在。这一时期，如果有人试图集零为整，展现世界农业真相，就会面临重重困难。这是迄今为止世人仍在迷雾中寻找农业道路，百家争鸣、莫衷一是的原因"②。但是客观地讲，由于西方现代型农业发展较早且已经形成相对完备的科学体系，在现代学术体系中，西方农业科学理论尤其是农业劳动力培育理论相对成熟。值得肯定的是，依据人力资本投入理论构建的农业劳动力培育政策体系和分析框架为西方农业发展带来了巨大的收益。国内学界对农业劳动力培育的关注虽然自二十世纪二三十年代就已经开始，但毕竟没有形成较为系统的学说体系，其学术传承也因各种原因未能很好地实现。直到党的十六大以后尤其是党的十九大后，随着新农村建设、农业农村现代化、乡村振兴等重大战略的提出和实施，农业劳动力培育问题才再次成为"三农"领域的研究热点。

当前国内外农业劳动力培育研究，主要有以下几点缺陷或不足：第一，基础性理论研究不足。当前相关研究主要依据的是人力资本投入理

---

① 邓湧，冯进展，杜艳艳. 新型职业农民经营管理能力构成与培训策略研究 [J]. 农业经济，2015（07）：19-21.
② 温铁军，等. 从农业1.0到农业4.0——生态转型与农业可持续 [M]. 北京：东方出版社，2021：13.

第一章 高素质农业劳动力培育问题研究的意义与价值

论,然而自该理论自诞生以来的半个多世纪,未能产生更新的劳动力发展理论。第二,国际范围内农业劳动力培育模式比较研究的成果缺乏,尤其是对欠发达农业国如何通过高素质农业劳动力培育来提升农业生产效率、保障全球性粮食安全等问题研究不够。第三,具体化的农业劳动力发展研究主要集中在如何化解农业剩余劳动力转移带来的一系列问题,而对高素质农业劳动力如何培育、如何对冲科技化、机械化引发的农业发展"负外部性"等问题关注不多。

习近平总书记指出:"坚持问题导向是马克思主义的鲜明特点。问题是创新的起点,也是创新的动力源。只有聆听时代的声音,回应时代的呼唤,认真研究解决重大而紧迫的问题,才能真正把握住历史脉络、找到发展规律,推动理论创新。"[1] 这就要求我们在研究高素质农业劳动力培育时也必须坚持问题意识和问题导向,在实践探索中不断给予合理的理论解答。当前世界农业发展困难重重,土地、资源、资本、劳动力等基本问题依然未能得到有效的解决,农业生态转型与可持续发展面临一系列瓶颈。我国自然资源禀赋硬性约束、传统小农经济思想和运作模式影响等,导致农业生产率、收益率长期滞后于工业生产率、收益率。"人往哪里去?""土地谁来种?"的问题已经不再是一个学术意义上的问题,而是一个重大的政治问题、社会问题。因此,深入系统地研究如何提升农业劳动力素质,使之适应现代农业发展要求,服务农业农村现代化和乡村振兴战略将是未来农业领域不可或缺的研究锚点。

---

[1] 习近平.在哲学社会科学工作座谈上的讲话[M].北京:人民出版社,2016:14.

第二章

高素质农业劳动力培育的理论基础

无论是传统农业还是现代农业抑或未来农业,劳动力始终都是农业发展中居于主导地位的生产要素。相对于传统农业,现代农业所展现出来的较高劳动生产率和收益率,无不直接与农业劳动力的素质相关联。正如舒尔茨在《改造传统农业》一书中指出的那样,"农业并不是因循守旧的堡垒,农民也不是一成不变的土地守望者"而是"作为新要素的需求者","现代农业显然是农民获得并学会使用优良的新生产要素的结果。这种对新农业生产要素的基本需求并不是哪一个地方的农民所特有的"。① 新中国成立以来尤其是改革开放以来,我国城市化的发展取向以及工农业巨大的收益差,使得城市、工业对农业劳动力形成了宏大的"虹吸效应",越来越多的农业劳动力脱离乡村和土地。农村的"空心化"、农业的"去精英化"、农民的"离散化"已经成为亟待破解的问题。面对我们党提出的乡村振兴战略目标和农业农村现代化战略任务,更多更好地培育高素质农业劳动力是解决"谁来种地""如何种地"等时代命题的根本途径。

第一节 农业劳动力的界定及其内涵

恩格斯认为:"一门科学提出的每一种新见解都包含这门科学的术

---

① [美] 西奥多·W. 舒尔茨. 改造传统农业 [M]. 北京:商务印书馆,2009:139.

语的革命。"① 恩格斯这里所说的"术语的革命"可以从两个角度来理解：一是为了更好地阐释某门学科所创造的全新术语，即新概念；二是对已有的概念进行改造并赋予其特定含义，使其具有新的解释能力，即"意义"创新。我们要深入研究农业劳动力培育问题，首先就是要对劳动力、农业劳动力等基本概念进行界定，并在此基础上划定研究范畴。从而使研究的主体、主线和论域更加科学、清晰。

一、关于劳动力的概念界定

从逻辑上讲，要清晰界定农业劳动力概念进而揭示其内涵，首先要了解和把握什么是劳动力以及劳动力的构成要素。关于劳动力概念的界定，学界有以下几种解释：第一，劳动力是人的一种劳动能力。《中国市场经济学大词典》基于经济学视角，将劳动力界定为一种创富能力的总和，即"人的劳动能力，人用来生产物质资料的体力和脑力的总和"②。应当说这种解释有一定的合理性，但仅将劳动力限定在"生产物质资料"层面是不全面的。同时，这个定义更为致命的缺陷在于只解释了劳动对于人本身而言的生理特性，而没有看到劳动的社会特性或者说是市场特性。第二，劳动力是面向工作的"积极劳动者"。美国学者理查德·亚马龙（Richard Yamarone）以劳动就业和对待就业的态度作为评判标准，将劳动者分为"消极劳动者"和"积极劳动者"两个类型。他认为，"没有工作的人必须努力寻找工作才可被认定为失业者；那些放弃求职，不相信自己技能、任职资格或者在生活所在地区找不到工作的人应该被算作'消极劳动者'……消极劳动者和其他既不属于就业群体又不能被视为失业者的人都不属于'劳动力'"③。这种

---

① 马克思恩格斯文集：第5卷[M].北京：人民出版社，2009：32.
② 赵林如.中国市场经济学大辞典[M].北京：中国经济出版社，2019：148.
③ [美]理查德·亚马龙.经济指标手册[M].上海：上海财经大学出版社，2019：83.

以可雇佣或者说是主动性的劳动参与作为界定标准具有明显的狭隘性。第三，劳动力是"调整社会关系的一种客观尺度"。余金成在《劳动论要》一书中将人力与劳动力做了区分。他认为，从人类历史发展的进程来看，人力先于劳动力而存在，"人类只在自身发展特定历史阶段才会把劳动力作为调整社会关系的一种客观尺度……在劳动力作为调整社会关系客观尺度以前，人类经历了以劳动者本身作为尺度的经济形态，而在此之后，人类将逐步过渡到以劳动作为尺度的新的经济形态"①。他这里将是否与"生产资料相结合"作为区别人力和劳动力概念的标准，"人力不强调与生产资料相结合，而劳动力则强调了与生产资料相结合"②。不可否认，将劳动力概念与生产资料挂钩似乎看到了劳动力的实质，但作为一种术语界定并不能囊括劳动力所包含的全部属性和构成要素。第四，劳动力是"生产某种使用价值时运用的体力和智力的总和"。马克思主义认为，自人类社会诞生以来，劳动力就成为社会生产力中起决定性作用的因素。马克思曾在《资本论》第一卷第四章第三节《劳动力的买和卖》中对劳动力做过两重界定：第一重界定是从商品角度，即"要使货币占有者在市场上找到作为商品的劳动力，就必须具备各种条件……劳动力只有而且只是因为被它自己的占有者即有劳动力的人当作商品出售或出卖，才能作为商品出现在市场上。劳动力占有者要把劳动力当作商品出卖，他就必须能够支配它，从而必须是自己的劳动能力、自己人身的自由所有者"③。第二重界定是从能力角度，即"我们把劳动力或劳动能力，理解为一个人的身体即活的人体中存在的、每当他生产某种使用价值时就运用的体力和智力的总和"④。有学者将两种界定视为一体，实际上是不正确的。因为后一种是广义界

---

① 余金成. 劳动论要 [M]. 北京：光明日报出版社，2019：102.
② 余金成. 劳动论要 [M]. 北京：光明日报出版社，2019：103.
③ 马克思恩格斯文集：第5卷 [M]. 北京：人民出版社，2012：195.
④ 马克思恩格斯文集：第5卷 [M]. 北京：人民出版社，2012：195.

定，而前一种是限定在资本主义生产关系下的界定，属于狭义界定。并且马克思在前一种界定中将"劳动的人"与"作为商品存在的劳动能力"作了区分。俞可平认为，正是基于这种区分，"劳动力的概念对于理解资本主义生产方式中资金如何转化为资本是至关重要的，当然因此也能理解生产过程如何同时生产使用价值和生产（附加）价值"①。在对马克思关于劳动力概念进行探源的基础上，俞可平对"劳动力"概念进行了引申，"劳动力是指为实现可消费的商品而启动的人类能量，因为这种能量本身已经转化为商品并成为买卖的对象。特别是作为一种商品，劳动力指的是资本主义社会历史上特有的作为人与自然之间新陈代谢的工作过程中永恒且不可缺少的要素"②。毋庸置疑，"劳动力"在马克思这里得到了全面的阐释，使之像其他概念一样迅速成为解析社会发展动力的"理论语言和政治语言"。对此波普尔（K. R. Popper）、本苏珊（Ben Sussan）等都给予了极高的评价，"'劳动力这个概念导致了真正的理论转型'，因为它引出了剩余劳动的概念和对剩余价值理论更细致的阐述，从而使资本主义剥削的具体分析成为可能"③。

从以上分析可以看出，关于劳动力的概念可以概括为以下两点：第一，劳动力具有历史性和特定性。历史性是指劳动作为人类存续的基本形式贯穿于人类社会发展始终，它既体现为人的一种本能需求，更体现为一种社会权利，是人的自然性与社会历史性的统一。特定性是指劳动作为人的"类本质"，是人所特有的社会自然属性。马克思在《1844年经济学哲学手稿》中指出："一个种的全部特性、种的类特性就在于生

---

① 俞可平. 马克思主义历史考证大辞典：第1卷 [M]. 北京：商务印书馆，2018：443.

② 俞可平. 马克思主义历史考证大辞典：第1卷 [M]. 北京：商务印书馆，2018：443.

③ 俞可平. 马克思主义历史考证大辞典：第1卷 [M]. 北京：商务印书馆，2018：446.

命活动的性质,而人的类特性恰恰就是自由的自觉的活动。"① 随后,他又在《德意志意识形态》等著作中对这一观点进行了重申,"可以根据意识、宗教或随便别的什么来区别人和动物。一旦人们自己开始生产他们所必需的生活资料的时候(这一步是由他们的肉体组织所决定的),他们就开始把自己和动物区别开来"②。自从劳动作为人产生的根源、生存的基础、发展的动力,以及自我表现、自我肯定的形式,才使得自然界由无为状态转为"人化的自然界"。第二,劳动力具有条件性和创造性。劳动力之所以能够从潜能力发展到显能力,受到劳动者自身的主观条件以及劳动者所处的客观条件的双重制约。劳动创造了人本身,但人也在不断创设劳动条件,脱离具体劳动条件谈劳动力发展必然陷入唯心主义的泥潭。同时,劳动力具有创造性或者说是创富性,无论在何种社会形态下,劳动力存在的价值根源于它对物质财富与精神财富的创造。

二、关于农业劳动力的概念界定及其内涵

要对农业劳动力的概念进行界定并不是一件容易的事情。一方面从产业归属上看,农业具有广义农业和狭义农业之分,要限定一个涵盖广义、狭义两个维度的概念几乎是不可能的;另一方面从具体情况来看,农业劳动力既包含从事农业生产、经营、管理、服务的直接劳动力,也包括居住在农村但从事第二、三产业的间接劳动力与潜在劳动力。

有学者主张,要界定这一概念关键要将农业劳动力与农村劳动力区分开来。其理由是:第一,划分标准不同。农业劳动力依据的是劳动者从事的职业或归属的产业部门与农业相关,与之对应的是非农业劳动力(工业劳动力、服务业劳动力等);农村劳动力是按照劳动者工作场域

---

① 马克思恩格斯全集:第42卷[M].北京:人民出版社,1979:96.
② 马克思恩格斯全集:第3卷[M].北京:人民出版社,1960:24.

或者居住场所来判定的，与之对应的是城市劳动力。第二，量级不同。农村劳动力既包括农业劳动力即第一产业劳动力，也包括农村的第二、三产业劳动力。因此，基于这种理解的农业劳动力可定义为"现有农业耕作方法、生产技术、养殖技术等条件下实际从事农业的劳动者。具体来说，就是指直接经营、管理、控制农作物、林果苗木及畜、禽、鱼等生长繁殖的生物学活动的劳动者"[①]。李秉龙等在《农业经济学》中将农业劳动力纳入农业生产要素，与土地、水资源、农业科技、农业资金、农业信息等要素归为一类进行考察。他认为，作为生产要素的农业劳动力是一般性与特殊性的统一体。一般性是农业劳动力表现出的所有劳动力的共同属性，是指农业劳动者的劳动能力，以及具有劳动能力的农业人口或农业劳动资源。特殊性专指能够参加农业生产劳动的劳动力数量和质量。[②] 与理查德·亚马龙的观点不同，李秉龙等学者认为将所谓的"消极劳动者"排除在农业劳动力考察范围之外是不对的。农业劳动力既要考察质量，即体力强弱、技术熟练程度和科学文化水平高低等，也要考察数量，即符合劳动年龄并有劳动能力的农业劳动者的数量，以及不到劳动年龄或已经超过劳动年龄但实际从事农业生产的劳动者的数量。之所以做这样的区分，是由农业生产的分散性、季节性、多样性和地理空间的广域性等决定的。

我们认为，由于农业生产条件、生产过程的发展变化，当前的农业劳动力已与传统的农业劳动力无论在从业形式上还是内涵上都有了较大区别，已经不能简单、线性地通过体力与脑力、农村与城市等进行界定了。直接从事农业生产、管理、服务的人员应归属农业劳动力，从事农业科学研究、农业科技研发、农业教育等工作人员也应归属农业劳动力，这里既有专门从事脑力劳动者，也有体力劳动者，有居住在农村

---

① 喻葵.中国农业劳动力的重新配置[M].北京：企业管理出版社，2016：7.
② 李秉龙，薛兴利.农业经济学[M].北京：中国农业大学出版社，2009：165.

的，也有居住在城市的。因此，我们可试着给农业劳动力下这样一个定义：农业劳动力是直接从事农业生产、管理、控制、服务、教育等相关领域的从业人员的总称。

第二节 高素质农业劳动力的界定及其内涵

改革开放以来尤其是进入新时代以来的十年间，农业劳动人口不断减少以及农业现代化的持续推进，促使农业发展逐步走向适度规模化、企业化，农业生产方式、组织形式、科技贡献度都发生了重大变化。这些重大变化对农业劳动力素质提出了新的更高的要求。为了适应这些变化，推进乡村振兴战略、加快农业农村现代化建设步伐，2021年中共中央办公厅、国务院办公厅印发了《关于加快推进乡村人才振兴的意见》，明确提出到2025年，乡村人才振兴制度框架和政策体系基本形成，乡村振兴各领域人才规模不断壮大、素质稳步提升、结构持续优化，各类人才支持服务乡村的格局基本形成，乡村人才初步满足实施乡村振兴战略的基本需要。2021年12月17日，农业农村部又印发了《"十四五"农业农村人才队伍建设发展规划》，也明确提出到"2025年，初步打造一支规模宏大、结构优化、素质优良、作用凸显，以主体人才为核心、支撑人才和管理服务人才为基础的农业农村人才队伍，形成各类人才有效支撑农业农村发展的新格局，促进农业高质高效、乡村宜居宜业、农民富裕富足，为全面推进乡村振兴、加快农业农村现代化提供强有力的人才支撑和智力保障"的发展目标。除这两份关于农业农村人才队伍建设的专门文件外，《关于实施乡村振兴战略的意见》《乡村振兴战略规划（2018—2022年）》等均对人才建设进行了安排和部署。然而，这些文件和政策没有十分清晰地指出"高素质农业农村人才"具体是哪些素质以及这些素质有什么样的内涵和要求。因此，开展农业劳动力素质培育研究,这是需要厘清的一个基本问题。

关于农业劳动力素质的定义,欧阳旭初认为:"农业劳动力素质是指农业劳动者在劳动中运用劳动能力综合水平的高低程度。衡量劳动力素质的主要标志是劳动者的体力水平和智能水平。"[①] 焦必方认为:"农业劳动者素质是构成农业劳动者的各项要素的综合质量,包括劳动者的思想素质、身体素质、文化素质、技术素质和管理素质等。农业劳动者素质的高低,可以反映一个国家或地区农业生产力的水平以及社会经济、科学技术的发展状况。"[②] 赵美玲、咸春龙等学者基于我国农业国际竞争、农业现代化发展等角度对农业劳动力素质进行了定义。学界定义综合来看存在两个层面的缺陷:一是定义泛化,未能指出农业劳动力区别于其他产业劳动力所特有的素质要求;二是未能指出在新的历史条件下,农业劳动力必然体现出来的、区别于以往农业劳动力要求的特定素质。我们认为,新时代的农业劳动力素质是由新时代的农业发展状况决定的,它既要体现农业劳动力主体的内生性素质,也要体现农业劳动力主体与外部联动的广延性素质,而不仅仅是"体力水平和智能水平"的简单综合。具体而言,农业劳动力的素质应包括以下六个方面。

一、农业劳动力的政治素质

政治素质是指政治主体在政治社会化的过程中所获得的对主体政治心理和政治行为发生长期稳定的内在作用的基本品质,是特定国家的政治理想、政治信念、政治态度和政治立场在人的心理形成的并通过言行表现出来的内在品质。[③] 从现有政策来看,党和国家高度重视农村政治建设,注重提升农村党员干部和组织管理者的政治素质。例如,《农业

---

① 欧阳旭初. 农业经济学 [M]. 北京:中国财政经济出版社,2000:139.
② 焦必方. 新编农业经济学教程 [M]. 上海:复旦大学出版社,1999:80-81.
③ 江玉安. 素质教育理论发展与应用 [M]. 长春:吉林文史出版社,2009:59.

科技发展纲要（2001—2010年）》提出要"要采取多种形式，提高农业科技管理者和组织者的政治素质、业务水平和管理能力"。《中国共产党农村基层组织工作条例（修订）》第26条提出"村党组织领导班子应当由思想政治素质好、道德品行好、带富能力强、协调能力强，公道正派、廉洁自律，热心为群众服务的党员组成"。《关于加快推进乡村人才振兴的意见》第15条提出"要推动村党组织带头人队伍整体优化提升"，明确"坚持把政治标准放在首位，选拔思想政治素质好、道德品行好、带富能力强、协调能力强，公道正派、廉洁自律，热心为群众服务的党员担任村党组织书记"。《关于向重点乡村持续选派驻村第一书记和工作队的意见》把"政治素质好，坚决贯彻执行党的理论和路线方针政策，热爱农村工作"列入第一书记和工作队员人选基本条件的首位。但是应当看到，相关文件所要求的政治素质主要针对的是农村党员和服务管理人员，并没有对其他农业劳动力提出政治要求，很显然这与新时代农业劳动力培育不相适应。新时代农业劳动力培育应将政治素质提升放在首要位置，使之在了解、把握党和国家涉农政策与重大工作部署中，提升劳动生产率。

二、农业劳动力的思想道德素质

通常来讲，思想道德素质是人们的思想意识状态按社会规范的要求所达到的水准。主要包括人生观、道德观、思想品质和传统文化习惯等。农业农村是农业劳动力的工作面向，"熟人社会"的农村生活场域与"陌生人社会"的城市生活场域有着较大的区别，道德调节、伦理规范在农村治理中的作用甚至优先法律规制。早在20世纪30年代，梁漱溟就认为中国乡村社会是伦理本位的社会，因而"教化、礼俗、自力"是乡村社会赖以维持的基点。[①] 费孝通亦持类似的观点，他认为中

---

① 梁漱溟. 乡村建设理论［M］. 上海：上海人民出版社，2011：25-35.

国社会的本质是乡土社会,是根本上区别于西方"法治"社会的特有社会形态。在乡土社会中道德礼俗的约束力要远远超越法制,"乡土社会秩序的维持,有许多方面和现代社会秩序的维持是不相同的……可是乡土社会并不是这种社会(无政府状态的社会),我们可以说这是个'无法'的社会,假如我们把法律限于以国家权力所维持的规则;但是'无法'并不影响社会的秩序,因为乡土社会是'礼治'的社会"①。虽然当今的中国乡村社会已经有了翻天覆地的变化,但传统道德礼治维护下的基本社会运行规则并未消除。改革开放以来尤其是进入新时代以来,中央先后印发了《关于加强农村思想政治工作的通知》《关于深入开展农村社会主义精神文明建设活动的若干意见》《关于进一步加强新形势下农村精神文明建设工作的意见》《关于进一步推进移风易俗 建设文明乡风的指导意见》等专项文件,对农村从业主体的思想道德建设进行安排部署,明确提出要"着力培育新农民、倡导新风尚、发展新文化,着力提高农民思想道德文化素质和农村社会文明程度"。当前,高素质农业劳动力培育应突出抓好思想道德素质提升。

三、农业劳动力的文化素质

文化素质是主体受教育程度,以及运用文化知识能动地改造社会、自然和自我的能力。农业劳动力的文化素质反映在他们接受文化知识教育的程度以及运用于农业生产实践的熟练程度。有学者认为,农业劳动力的文化素质不仅包括科学文化素质,还包括社会心理素质,是受教育程度、科学文化素质、社会心理素质的总称。② 改革开放以来,随着教育事业的发展,农业劳动力的整体文化素质有了较大的提升,文盲、半

---

① 费孝通. 乡土中国(修订本)[M]. 上海:上海世纪出版集团,2013:47.
② 《中国现代农业建设实务》编委会. 中国现代农业建设实务[M]. 北京:经济日报出版社,2016:1094.

文盲总量较改革开放前大幅度下降。但依然存在着诸多与农业农村现代化建设不相适应的地方。第三次全国农业普查数据显示，全国农业生产经营人员3.14亿，其中小学及以下文化教育程度占比高达43.4%，高中或中专及以上文化教育程度占比仅为8.3%（见表2-1）。第七次全国人口普查数据也显示，截至2020年年底全国文盲人口依然高达3775万人，占全国总人口的2.67%（见表2-2）。而文盲人口绝大多数都在农村尤其是中西部农村。

表2-1　农业生产经营人员状况① 　　　　单位：万人%

	全国	东部地区	中部地区	西部地区	东北地区
性别构成					
男性	52.5	52.4	52.6	52.1	54.3
女性	47.5	47.6	47.4	47.9	45.7
年龄构成					
年龄35岁及以下	19.2	17.6	18.0	21.9	17.6
年龄36—54岁	47.3	44.5	47.7	48.6	49.8
年龄55岁及以上	33.6	37.9	34.4	29.5	32.6
受教育程度构成					
未上过学	6.4	5.3	5.7	8.7	1.9
小学	37.0	32.5	32.7	44.7	36.1

---

① 第三次全国农业普查公报［EB/OL］.国家统计局官网，2017-12-16.

续表

	全国	东部地区	中部地区	西部地区	东北地区
初中	48.4	52.5	52.6	39.9	55.0
高中或中专	7.1	8.5	7.9	5.4	5.6
大专及以上	1.2	1.2	1.1	1.2	1.4
主要从事农业行业构成					
种植业	92.9	93.3	94.4	91.8	90.1
林业	2.2	2.0	1.8	2.8	2.0
畜牧业	3.5	2.4	2.6	4.6	6.4
渔业	0.8	1.6	0.6	0.3	0.5
农林牧渔服务业	0.6	0.7	0.6	0.5	1.0

表2-2 全国文盲人口与文盲率变化表[①]　　单位：万人/%

普查年份	全国人口	文盲人口	文盲率
1964	69458	23327	33.58
1982	100818	22996	22.81
1990	113368	18003	15.88
2000	126583	8507	6.72

① 第七次全国人口普查公报［EB/OL］. 国家统计局官网，2021-05-11.

续表

普查年份	全国人口	文盲人口	文盲率
2010	133972	5466	4.08
2020	141178	3775	2.67

注：1964年文盲人口为13岁及13岁以上不识字人口，1982、1990、2000、2010、2020年均为15岁及15岁以上不识字的人口。

四、农业劳动力的科技素质

关于科技素质的定义，国际上有着不同的理解。例如，国际经济合作组织（OECD）认为，科技素质是运用科学知识，确定问题和作出具有证据的结论，以便理解自然世界和通过人类活动对自然世界的改变做出决定的能力。美国学者米勒则认为，科技素质由相互关联的三部分组成：科学知识、科学方法和科学对社会的作用。具体说，就是具有足够的可以阅读报刊上各种不同科学观点的词汇量和理解科学技术术语的能力，理解科学探究过程的能力，关于科学技术对人类生活和工作所产生的影响的认识能力。虽然定义不同，但基本内涵差异不大。为了提升民众的科技素质，我国于1999年提出了"公民科学素养标准"（2049计划），随后又制定了《中华人民共和国科学技术普及法》《国家中长期科学和技术发展规划纲要（2006—2020年）》《全民科学素质行动规划纲要（2021—2035年）》《中国公民科学素质基准》等一系列制度规划，有力地推进了国民科技素质培养工作。当前，随着农业科技的发展，大量高科技技术不断赋能农业，让更多农业劳动力掌握中高端农业科学技术已经成为重大的时代命题。然而应当看到，我国农业劳动力与发达国家农业劳动力相比，在科技知识储备与应用、科技产品开发与使用等方面还存在较大差距，必须通过各种途径加以解决。

五、农业劳动力的信息素质

信息素质是主体对各种信息筛选、甄别、整理、运用等的综合能力,它体现了主体对信息的自主接收效能。信息素质最早由美国信息产业协会主席波尔(Paul Zurkowski)于1974年提出,并将其概括为利用信息源和信息工具解决信息问题的技术和技能。进入20世纪80年代,随着以计算机为代表的信息技术快速发展,人类社会进入了信息时代,信息素质的内涵和外延得到了进一步的拓展。有学者认为,信息社会和知识经济时代,民众的信息素质已经成为"判断何时需要信息,并有效地定位、获取、评价和利用信息的一系列能力的总和"[①],它既体现着主体的能力,也体现着主体的品格,是"社会成员的信息意识、信息道德、信息能力、信息潜能等多项基本素质的有机结合"[②]。具体到农业劳动力而言,信息素质是指农业劳动力信息接收意识、信息运用能力、信息发展潜能等在农业发展中的实现。当前,我国广大农村已经基本实现了"五通"(通路、通水、通电、通邮、通网络),电话、有线电视或卫星电视、互联网已成为农业劳动力接收外部信息的主要渠道。据统计,全国通电话、通有线电视、通互联网和有电子商务配送站点的村分别达到了99.5%、82.8%、89.9%和25.1%。[③] 然而,信息的便捷并不代表着有效的信息接收和较高的使用效能,当前由一般性信息接收到专业性信息接收和使用,已经成为推进高素质农业劳动力培育的重要内容。

六、农业劳动力的经营管理素质

经营管理素质是当前农业农村现代化背景下农业劳动力必须具备的

[①] 张立频. 中英文免费数字知识获取研究 [M]. 北京:中国工商出版社,2007:23.
[②] 左文革,吴秀爽. 农业信息检索与利用 [M]. 北京:中国农业出版社,2006:10.
[③] 第三次全国农业普查公报 [EB/OL]. 国家统计局官网,2017-12-16.

基本素质，它是农业劳动生产与市场对接的必然结果与应然要求。具体而言，经营管理素质是农业劳动力所掌握的经营、管理和市场经济知识与技能达到的程度。[①]当前，一方面农业生产、流通、消费、服务管理等各环节的市场化程度越来越高，对农业劳动力尤其是农业经营主体的管理素质要求日益提高；另一方面，受传统农业观念影响，农业劳动力和农业经营主体的市场意识不强，对市场经济规律的认识和把握不到位，造成了经营观念、管理方法、组织能力等严重滞后于农业发展速度。在未来农业现代化进程中，如不能通过教育等手段培育农业劳动力的现代经营管理素质，必将极大地阻碍和制约农业高质量发展。

第三节　高素质农业劳动力培育的理论基础

之前已述及，农业劳动力是区别于农村劳动力的具有特定含义的概念。例如，《中国农业百科全书》将农业劳动力定义为"以其体力和智力从事农业生产的劳动者，是农业生产力中的决定因素"[②]；《财经大辞典》将农业劳动力划分为广义和狭义两个概念，即有劳动能力的农业人口（广义）和"人们在农业生产过程中所运用的体力和脑力的总和"（狭义）。[③]但无论从哪个层面定义，都无法改变农业劳动力所具有的直接特征和延展性要求。直接特征有两个：一是劳动力自身的一般性特性，即具有能够参与劳动的体力和智力；二是区别于其他产业部门的劳动特征，即符合农业生产和农业管理的特殊要求。延展性要求就是通过

---

① 邵喜武. 多元化农业技术推广体系建设研究［M］. 北京：光明日报出版社，2013：135.
② 中国农业百科全书编辑部. 中国农业百科全书（农业经济卷）［M］. 北京：中国农业出版社，1991：229-230.
③ 何盛明. 财经大辞典（上卷）［M］. 北京：中国财政经济出版社，1990：876-877.

<<< 第二章 高素质农业劳动力培育的理论基础

有效的教育培育对农业劳动力直接特征的加强和巩固。意大利学者乔瓦尼·费德里科（Giovanni Federico）在《养活世界——农业经济史（1800—2000）》一书中就将农业劳动力培育作为农业最重要的要素禀赋。从学理来看，高素质农业劳动力培育涉及农学、社会学、教育学等多学科，因而其理论基础必然也是复杂的、多元的。

一、社会分工理论

社会分工通常是从政治经济学角度来讲的，其含义主要包括专业化和劳动分工两个部分。专业化是与专门化既有区别又有联系的一个概念，一般是指在生产经营过程中为了提高劳动生产效率而将组织或个体的劳动职能或操作种类进行细化与减少，它体现的是技术进步和劳动发展的必然结果。劳动分工是专业化的前提和基础，正是社会生产复杂化加深引起的劳动分工，才使得不同劳动部门出现专业化。忻榕、琼·皮尔斯（Jone L. Pearce）在《认识组织行为》一书中概括了分工的两大功能：一是能够有效提升劳动生产率；二是必然带来"系统性的相互依存"。[①] 考察历史我们就会发现，传统农业与现代农业的一个显著区别就是现代农业的专业化水平和劳动分工远远超过传统农业。开展高素质农业劳动力培育研究，首先就要搞清楚其与社会分工之间的逻辑关系。

分工是古典政治经济学研究的逻辑起点，亚当·斯密、让·巴·萨伊、穆勒、斯卡尔培克等曾对此进行过深入研究。亚当·斯密在《国富论》第一篇《论劳动生产力增进的原因，并论劳动生产物自然而然地分配给各阶级人民的顺序》中用了三章对分工、分工的原因和分工的市场限制因素进行论述。他认为，"劳动生产力上最大的增进，以及

[①] 忻榕，[美] 琼·皮尔斯. 认识组织行为 [M]. 北京：机械工业出版社，2020：15.

运用劳动时所表现的更大的熟练、技巧和判断力，似乎都是分工的结果"①，一方面行业分工并不是自发的，而是取决于国家产业和劳动生产力发展程度，另一方面行业分工由于生产特点的不同而差异较大。"农业由于它的性质，不能有像制造业那样细密的分工，各种工作，不能像制造业那样判然分立……农业上种种劳动，随季节推移而巡回，要指定一个人只从事一种劳动，事实上绝不可能。所以农业上劳动生产力的增进，总跟不上制造业上劳动生产力的增进的主要原因，也许就是农业不能采用完全的分工制度。"② 在亚当·斯密看来，个体禀赋并不是分工的原因而是分工的结果，真正引起分工的动力在于市场，"是交换倾向和互相买卖产品缓慢而逐步发展的必然结果……这样一来，因为我们相互需要的帮助大部分是通过交换、交易、买卖获得的，所以分工的起因也正是这种买卖倾向"③。与亚当·斯密一样，让·巴·萨伊、穆勒、斯卡尔培克等人也将分工归为市场规模的扩大和可交换产品的增繁。如斯卡尔培克就认为，人的能力是由人的自身禀赋和社会存在状态共同作用的结果，而后者更为重要，"人生来就有的力量：他的智力和他从事劳动的身体素质。而来源于社会状态的力量，则在于分工的能力和在不同的人中间分配不同工作的能力……在于交换相互服务和交换那些构成生活资料的产品的能力"④。穆勒也是在商业发展的框架内考察分工的。

马克思深刻地批判了古典政治经济学关于分工的理论学说，认为他们并没有触及分工的实质，"讲得极为明确且自相矛盾"⑤。马克思从

---

① ［英］亚当·斯密. 国富论［M］北京：商务印书馆，2021：5.
② ［英］亚当·斯密. 国富论［M］北京：商务印书馆，2021：5.
③ 马克思. 1844年经济学哲学手稿［M］. 北京：人民出版社，2018：131.
④ 张薇. 唯物史观视阈下的马克思恩格斯分工理论研究［M］. 哈尔滨：黑龙江大学出版社，2014：32.
⑤ 马克思. 1844年经济学哲学手稿［M］. 北京：人民出版社，2018：131.

"异化"的角度对劳动分工的社会性以及资本主义条件下的分工本质进行了揭示。他认为:"因为劳动只是人的活动在外化范围内的表现,只是作为生命外化的生命表现,所以分工也无非是人的活动作为真正类活动或作为类存在物的人的活动的异化的、外化的设定。"[①] 随后,马克思、恩格斯在《德意志意识形态》《资本论》《家庭、私有制和国家的起源》《反杜林论》等著作中对分工的起源、历史、本质以及分工与私有制之间的关系进行了详细的阐述。他们认为,一方面,社会分工总是同一定的社会历史条件相联系的,是社会生产力发展的表现和必然结果。因此,有什么样的社会生产条件就会出现什么样的社会劳动分工;另一方面,在特定的社会生产条件下,社会分工有着不同的层次和类型,例如生产劳动和非生产劳动、物质生产劳动与精神生产劳动、一般性生产劳动(社会内部劳动分工)与特定部门的生产劳动(产业部门劳动分工)等。总体而言,马克思、恩格斯关于社会劳动分工的阐述主要有三个层面的含义:第一,社会劳动分工具有历史性,是人类社会生产发展到一定阶段的产物;第二,社会劳动分工与社会生产关系密切联系,在阶级社会里体现为鲜明的阶级对立性,因而劳动分工不是出于自愿而是强迫的;第三,社会劳动分工具有双重性质和双重作用,即社会劳动被分解为私人劳动必然造成利益主体的相互对立。但同时,社会劳动分工使得不同个体之间的联系更加紧密,使社会更大范围内的联合成为可能。总之,社会劳动分工是"人类在统一的社会生产体系中按照社会生产发展需要从事各种劳动的社会划分及其相互联系、相互作用的工作及过程。它体现了生产的社会性和协作性"[②]。

社会分工对农业发展尤其是农业劳动力发展的影响无疑是巨大的。马克思在《资本论》《资本积累过程》中对社会分工对农业和劳动力的

[①] 马克思.1844年经济学哲学手稿[M].北京:人民出版社,2018:131.
[②] 马克思主义大辞典编辑委员会.马克思主义大辞典(纪念版)[M].武汉:崇文书局,2018:66.

影响进行了详细的描述。他认为,资本主义工业分工发展不仅掠夺了农业发展必需的生产资料——土地,而且也掠夺了农业劳动力并使之成为雇佣的产业工人或农业工人,"一部分农村居民的被剥夺和被驱逐,不仅为工业资本游离出工人及其生活资料和劳动材料,同时也建立了国内市场"①。法国社会学家孟德拉斯(Henri Mendras)在《农民的终结》中也曾断言,随着专业化分工的发展,传统农业将被现代农业所取代。而在现代农业进程中,传统农民将消失,取而代之的将是职业化的农民。② 这就说明,现代农业已经替代了传统农业的生产方式,而成为一个分工日益细化的"大农业"。现代农业的专业化发展要求农业劳动力必须具有较高的协作能力、专业水平和管理技能,而这些技能并不是农业劳动力天然具备的,必然要通过专业化训练才能实现,这就不能不涉及农业劳动力培育问题了。

二、人口发展理论

马克思主义认为,人口因素是社会存在的组成部分,与地理环境、物质资料的生产方式一起构成社会物质生活条件,主要涉及人口的数量、质量、构成、密度、分布及发展变化等要素。③ 传统农业是一个劳动密集型产业部门,大量的人口聚集在农业生产领域,形成了规模庞大的农民队伍。当前,虽然城市化、工业化"虹吸"了大量的农业剩余劳动力,并由此催生了现代农业,但并不表示马克思主义人口理论在农业领域中的失效,恰恰相反,现代农业对高素质、高质量农业劳动力的依赖程度不是降低了,而是大大加强了。因而,无论是对农业剩余劳动

---

① 马克思恩格斯文集:第 5 卷[M].北京:人民出版社,2009:857.
② [法] H. 孟德拉斯.农民的终结[M].北京:社会科学文献出版社,2009:272-282.
③ 马克思主义大辞典编辑委员会.马克思主义大辞典(纪念版)[M].武汉:崇文书局,2018:56.

力的研究（脱离农业生产的人口）还是对高素质农业劳动力的研究（高水平从事农业生产的人口），人口理论都必须熟悉并自觉习用。

1789年，马尔萨斯出版了《人口原理》一书，对早期自由资本主义快速发展和产业革命引发的人口过剩和贫困人口增长问题进行了探讨。马尔萨斯认为，人类的生存繁衍是食物足量供给和情欲支配等自然法则综合作用的结果，然而，由于以几何倍数增长的人口与以算术倍数增长的食物严重不成比例，也就是人口的增殖力会越来越无限大于食物等生活资料的承载力。如果不抑制人口增长，食物不足、贫困加剧将不可避免。在此理论基础上，马尔萨斯对英国长期存在的济贫院制度和1795年颁布的《斯宾汉姆法》（亦称"新济贫法"）展开了猛烈的攻击，"如果根本没有颁布济贫法，虽然非常贫穷的人也许要多一些，但从总体上看，普通人要比现在幸福得多"[1]。"为了减轻普通人所经常陷入的这种困苦，英国颁布了济贫法。然而，济贫法虽说也许减轻了一点个人的不幸，但恐怕却使比以前多得多的人遭到了不幸。"[2] 他认为贫困是不可避免的社会现象，这是自然法则和穷人的懒惰造成的，而济贫院制度和《济贫法》不仅不利于消除穷人的痛苦，还会增加穷人的懒惰和穷人总体数量。对此，他提出两套解决办法：第一，通过自然法则抑制穷人增长，具体包括预防性抑制和积极性抑制。预防性抑制即通过穷人对生活负担加重导致生存危机的忧虑，让穷人自觉限制生育；积极性抑制"是指已经开始增长的人口所受到的抑制，主要是（尽管也许不完全是）最下层社会所受到的抑制"[3]，也就是说，要通过外部强加给穷人各种限制措施让他们无法生育更多的孩子。第二，通过强制手段消除穷人的懒惰以抑制穷人增长。马尔萨斯认为，由于穷人依靠救济生

---

[1] ［英］托马斯·罗伯特·马尔萨斯. 人口论［M］. 北京：北京大学出版社，2008：37.
[2] ［英］马尔萨斯. 人口原理［M］. 北京：商务印书馆，2011：29.
[3] ［英］马尔萨斯，人口原理［M］. 北京：商务印书馆，1992：29.

活而不是自食其力，因而必须取消各种类型的户外救济，极端贫困的人必须到指定的济贫院去，给他们食用最粗糙的食物并强迫他们劳动。与马尔萨斯一样，法国启蒙思想家孔德塞（Condorcet）、弗朗斯瓦·魁奈，英国古典经济学家亚当·斯密、威廉·配第、乔治·拉姆塞等人也都专门对人口问题进行了论述。例如，弗朗斯瓦·魁奈在《人口论 赋税论》中就提出了人口增减的基本法则，即"人口的增长完全决定于财富的增加，决定于劳动、人力和这些财富本身的使用方法"[①]，而"战争、不结婚、粮食产品价格低、缺乏耕种土地的资金、下层阶级人民的贫困，这一切都阻碍着人口的增长"[②]。

马克思、恩格斯在分析资本主义生产方式和生产关系之后，对古典经济学派的人口理论进行了批驳。恩格斯在《国民经济学批判大纲》里指出："创立了与这种伪善的博爱相对立的马尔萨斯人口论，这种理论是迄今存在过的体系中最粗陋最野蛮的体系，是一种彻底否定关于仁爱和世界公民的一切美好言词的绝望体系。"[③] 印度学者阿玛蒂亚·森（Amartya Sen）对马尔萨斯的理论和贫困解决办法也进行过类似的批判，"马尔萨斯关于他所在时代人口过剩的诊断（当时只有不到10亿人口）以及关于人口增长具有可怕后果的预言是非常错误的"，但同时他又承认"这一事实并不表明在任何时候关于人口增长的担忧都是同样错误的"[④]。"虽然马尔萨斯式关于粮食问题的长期担忧是没有根据的，或者至少是不成熟的，我们还是有很好的理由一般性地担心世界人

---

① [法] 弗朗斯瓦·魁奈. 人口论 赋税论 [M]. 吴斐丹，张草纫，选译. 北京：商务出版社，2021：32.
② [法] 弗朗斯瓦·魁奈. 人口论 赋税论 [M]. 吴斐丹，张草纫，选译. 北京：商务出版社，2021：8.
③ 马克思恩格斯文集：第1卷 [M]. 北京：人民出版社，2009：58.
④ [印] 阿玛蒂亚·森. 以自由看待发展 [M]. 北京：中国人民大学出版社，2013：208.

口的增长。"① 马克思对人口问题的理解当然要比阿玛蒂亚·森等现代学者更深刻,这不仅表现在马克思对古典人口理论的批判上,更表现在他对人口本质的揭示上。马克思、恩格斯运用唯物史观,从人的社会属性出发,科学地揭示了人口与经济发展的辩证关系以及人口发展规律,建立了马克思主义人口理论。马克思主义人口理论可以简要概括为四个方面:第一,人口发展是历史的,被特定历史时期的社会生产方式所决定。马克思认为,人口因素对社会经济发展有着重要的影响,但并不是决定性因素,"每一种特殊的、历史的生产方式都有其特殊地、历史地发生作用的人口规律"②。第二,人的自我生产要与社会生产相适应,社会发展的根本动力是直接生活的生产和再生产,而不是取决于人的自我生产。第三,资本主义条件下的人口剩余是资本主义生产关系的必然结果,这种剩余并不代表人口的真正增繁,而是无产阶级由于受剥削程度日益加深而表现的虚假劳动力增长。第四,社会主义条件下的计划生育理论,实质是解决人口增长与资源环境的再平衡问题。

马克思主义人口理论奠定了高素质农业劳动力研究的基础,这是因为在当前社会生产力发展状况下,农民作为劳动力整体并不会"终结"。正如孟德拉斯所言,"在一个传统的农业社会转变为工业社会和后工业社会的过程中,农民的绝对数量和人口比例都会大幅度减少,但农业的绝对产出量并不会因此大幅度减少,这是一些发达的工业大国同时也是农业产出大国的原因。而且,无论社会怎样发展,无论乡村怎样变化,农民不会无限地减少,作为基本生活必需品原料的生产供应者——农业的从业者——也不会消失"③。农民不会"终结"并不代表

---

① [印]阿玛蒂亚·森. 以自由看待发展 [M]. 北京:中国人民大学出版社,2013:212.
② 马克思主义大辞典编辑委员会. 马克思主义大辞典(纪念版)[M]. 武汉:崇文书局,2018:56.
③ [法]H. 孟德拉斯. 农民的终结 [M]. 北京:社会科学文献出版社,2009:2.

农民不要发展、不会发展，相反，在现代农业进程中农业人口的总量减少更需要提升现有农业劳动力整体素质，以提高农业生产力水平。

三、人力资本投入理论

弗朗斯瓦·魁奈是西方较早地系统研究农业劳动力的古典经济学家，他在《农业与手工业》《经济表》《租地农场主论》《谷物论》等著作中分析了18世纪以法国为代表的欧洲农业凋敝的原因，提出了农业国经济统治的30条一般准则。其核心观点是增繁农业人口，增加农业生产投入，"在有广大可耕地和在本国容易进行农产品大商业的国家，不应该把货币和人力过多地用在制造业和奢侈品商业上，以妨碍农业上的劳动和支出。因为国家首先是要富裕的耕作者人数大量地增加起来"①。威廉·配第首次将人力资本纳入政治经济学研究范畴，认为人的劳动能力是促进生产劳动增殖和社会财富增长的首要因素，而劳动能力是由人的素质高低所决定的。② 理查德·琼斯（Riehand Enes）在对欧洲和亚洲15个国家农业发展状况尤其是地租情况进行考察后，深刻批判了大卫·李嘉图、穆勒等人关于农业资本投入的观点，认为农业生产与其他生产部门一样，人的劳动生产力存在着巨大的差异性，而"这个差别几乎完全决定于两种情况：第一，用于施加劳动力的工具的数量；第二，人们仅仅双手的努力受到过去劳动的积累的结果协助的程度，换句话说，决定于投入生产工作的不同数量的技艺、知识和资本"③。亚当·斯密认为劳动者的能力及对应的劳动生产效率，取决于劳动者劳动力技能的高低、熟练水平和判断力。劳动者要达到适应工作需要的劳动技能，除了进行反复训练外，还需要进行专门的教育培训。

---

① [法]弗朗斯瓦·魁奈.农业与手工业[M].北京：商务出版社，2021：17.
② [英]威廉·配第.赋税论[M].北京：商务印书馆，1978：66-67.
③ [英]理查德·琼斯.论财富的分配和赋税的来源[M].北京：商务印书馆，2021：114.

而教育培育则需要自我、家庭或工场主进行资金与时间的投入。琼斯、亚当·斯密以及19世纪中后期出现的以阿尔弗雷德·马歇尔为代表的剑桥学派的思想，对后来的西方人力资本理论影响很大。

西奥多·W. 舒尔茨是公认的人力资本理论的构建者。1960年，他在美国经济协会的年会上作了《人力资本投资》的演说，首次提出了人力资本理论。该理论有三个核心观点：第一，人力资本的积累是社会经济增长的源泉。这是因为第二次世界大战以后各国经济增长的实践已经证明，一方面人力资本投资收益率超过物力资本投资的收益率，另一方面人力资本在各个生产要素之间发挥着相互替代和补充的作用。例如，在农业生产中，对农民的教育和农业科学的研究、推广、应用，可以代替部分土地的作用，促进经济的增长。第二，教育是使个人收入的社会分配趋于平等的因素。他认为，个人收入的增长和个人收入差别缩小的根本原因是人们受教育水平普遍提高，从本质上讲是人力资本投资的结果。第三，人口质量和知识投资在很大程度上决定了人类未来的前景。[①] 1964年，舒尔茨出版了重要著作《改造传统农业》。他认为，"完全以农民世代使用的各种生产要素为基础"的传统农业是造成传统农业国家贫困的根源，但这并不表明国家就应当轻视农业生产。恰恰相反，如果"把弱小的传统农业改造成一个高生产率的经济部门"[②] 即现代化农业的话，那么农业就可以成为经济发展的主要源泉。舒尔茨之所以得出这样的结论，根源于他对传统农业弱点的分析，他认为传统农业有两个特点：一是技术水平落后，习惯于按既定的落后的技术进行操作；二是传统农业虽然贫困但十分有效，这也是传统农业生产长期得不到改造的重要原因。为了推进国家经济发展，改造传统农业势在必行，"这种改造取决于对农业的投资。因此，这是一个投资问题。但是，它

---

① [美]西奥多·W. 舒尔茨. 论人力资本投资 [M]. 北京：北京经济学院出版社，1990：72-79.
② [美]西奥多·W. 舒尔茨. 改造传统农业 [M]. 北京：商务印书馆，1987：4.

主要并不是资本供给问题。确切地说,它是决定这种投资应该采取什么形式的问题,这些形式使农业投资有利可图"①。

舒尔茨认为,对农业的投资可以分为直接投资和间接投资两部分。直接投资就是增加传统农业中的新生产要素的比例和比重,主要包括高产品种、化学肥料和农药、农业机械和现代化的耕作种植技术等;间接投资则是对农民进行人力资本投资。从长远来看,对农业的投资关键在于对"人",即农业劳动力的投资,教育、在职培训和提高健康水平等都是农业人力资本投入的形式,其中教育最为根本,"因为教育是人力资本中最大而且最容易理解的组成部分,所以教育是向人投资的合适代表。教育在农业中什么时候变得重要的呢?首先是一国生产者,而后是其他国家生产者采用新的生产投入品而引起的每英亩产量的增加有力地表明,在生产甘蔗的情况下,广泛采用这种投入品并不取决于农民受教育程度的差别,而在种植稻米或玉米的情况下,教育的差别可能是主要的解释性因素"②。继舒尔茨之后,罗伯特·卢卡斯(Robert Lucas)、保罗·罗默尔(Paul Romer)、斯宾塞、布迪厄等人又对这一理论进行了深入研究,逐步形成了有关教育、制度、文化对人力资本投资和经济增长的理论学说。这些理论学说对当前开展高素质农业劳动力培育提供了一定的学理支撑。

四、职业教育理论

职业教育分为广义和狭义两层含义。广义职业教育泛指一切人类社会生产所必需的知识、技能训练。而狭义职业教育主要包含三个方面的内容:第一是指教育事业内部的结构与分工,是整个现代教育制度的有机组成部分;第二是指以直接培养从事特定职业所需的初级或中级技

---

① [美]西奥多·W. 舒尔茨. 改造传统农业 [M]. 北京:商务印书馆,1987:4.
② [美]西奥多·W. 舒尔茨. 改造传统农业 [M]. 北京:商务印书馆,1987:140.

术、管理人才的专门教育形态；第三是指为从事特定职业所必备的相关知识、技术与技能、职业道德与职业态度，以及必要的普通基础知识的教育。①

从内涵来看，职业教育是由"职业"和"教育"两部分构成的，是教育在职业领域中的具体运用，它体现的是教育对职业发展的基本功能和推动作用。职业和教育都是来自社会分工。马克思主义认为，人类是在改造自然的过程中改造自身的，但是人类改造自然和自身的能力并不是自然而然的，而是通过后天习得的，其中间载体就是劳动。也就是说，劳动将自然改造和自我改造紧密结合起来，"这些自然条件都可以归结为人本身的自然（如人种等）和人的周围的自然"②，劳动过程就是"人自身作为一种自然力与自然物质相对立"③。因此，劳动是人的本质特征，人类的历史实质上就是人类的劳动发展史，正是"在劳动力发展史中找到了理解全部社会史的钥匙"④。这说明职业教育作为人类劳动的一种特殊形式，是人类社会所特有的现象，其发展历史伴随着人类社会历史发展的始终。

进入近现代以来，随着社会生产力的快速发展和社会分工的日益细化，职业教育越来越受到各国的重视。我国的职业教育肇始于清朝末期，1903年晚清政府颁布的《奏定实业学堂通则》规定："实业学堂所以振兴农、工、商各项实业，为富国裕民之本计；其学专求实际，不尚空谈，行之最为无弊……实业学堂之种类，为实业教员讲习所、农业学堂、工业学堂、商业学堂、商船学堂；其水产学堂属农业，艺徒学堂属工业。"1913年北洋政府颁布《实业学校令》共计11条。规定实业学校以教授农工商业必需之知识技能为目的，其种类为农业、工业、商

---

① 梁忠义等.世界教育大系：职业教育卷［M］.长春：吉林教育出版社，2000：10.
② 马克思恩格斯全集：第23卷［M］.北京：人民出版社，1972：560.
③ 马克思恩格斯全集：第23卷［M］.北京：人民出版社，1972：202.
④ 马克思恩格斯全集：第21卷［M］.北京：人民出版社，1965：353.

业、商船、实业补习学校等。分为甲、乙两级，其中甲级实施完全的普通实业教育，由省设立；乙级实施简易的普通实业教育，由县级城镇乡或农工商会设立。蚕业、森林、兽医、水产包含于农业学校之中。艺徒学校包含于工业学校之中。虽然这时的教育以"实业教育"称，但已经包含了职业教育的基本要素。"职业教育"概念诞生于1917年，当时为发展民族工业、振兴实业经济，由黄炎培联合蔡元培、梁启超、张謇等48位教育界、实业界人士在上海发起创立了中华职业教育社，并随后创办中国首份职业教育专门刊物《教育与职业》和中国第一所专门以"职业"为名称的学校——中华职业学校。同时，提出"大职业教育主义"，推行职业补习教育、职业指导和农村改进等工作，为中国早期职业教育理论和实践发展奠定了基础。二十世纪二三十年代，以晏阳初、梁漱溟等为代表的乡村教育学派提出了一系列乡村职业教育的理论。如梁漱溟在《乡村建设理论》一书中就认为，相较于西方资本主义国家，"中国社会可称为一种职业分立的社会。在此社会中，非无贫富、贵贱之差，但升沉不定，流转相通，对立之势不成，斯不谓之阶级社会耳。阶级社会与职业社会之两种不同构造，不但表现在经济上，同时也表现在政治上"①。在这种情境下，他主张要开展教化、礼俗、自力为主要内容的理性教育和农民的协作教育等。

为发展新中国的教育事业，1949年制定的《中国人民政治协商会议共同纲领》提出要"有计划有步骤地实行普通教育，加强中等教育和高等教育，注重技术教育，加强劳动者的业余教育和在职干部教育"②。新中国成立之初，中央政府进行了学制改革，将职业学校改称为中等专业学校，包括师范、技术、医药、农林等。直到1985年，《中共中央关于教育体制改革的决定》明确提出要"调整中等教育结构，

---

① 梁漱溟. 乡村建设理论 [M]. 上海：上海人民出版社，2011：29-30.
② 建国以来重要文献选编：第1卷 [M]. 北京：中央文献出版社，2011：10.

大力发展职业技术教育"的目标和任务。并指出："社会主义现代化建设不但需要高级科学技术专家，而且迫切需要千百万受过良好职业技术教育的中、初级技术人员、管理人员、技工和其他受过良好职业培训的城乡劳动者。没有这样一支劳动技术大军，先进的科学技术和先进的设备就不能成为现实的社会生产力。"[1] 同时，提出了以发展中等职业教育为重点，积极发展高等职业技术院校，并"逐步建立起一个从初级到高级、行业配套、结构合理又能与普通教育相互沟通的职业技术教育体系"[2]。自此，我国的职业教育出现了蓬勃发展的良好局面。

职业教育理论和职业教育实践的发展为高素质农业劳动力培育奠定了基础。当前，无论是新型职业农民培训还是高素质农民教育培训都是以提升农业劳动力素质和能力为目的的，这其中必然贯通着职业教育理论的发展要求和发展趋势。

---

[1] 十二大以来重要文献选编：中［M］．北京：中央文献出版社，2011：193.
[2] 十二大以来重要文献选编：中［M］．北京：中央文献出版社，2011：194.

第三章

农业劳动力培育的历史图景与基本模式

中国是典型的"自耕农制"和"分户析产制"国家，前一种指的是农业劳动方式，后一种指的是土地等生产资料的配置形式。"'分户析产制'，即土地要在兄弟之间平均分配，进而形成分家的习俗规则，最终导致农户的数量越来越多，所拥有的土地越来越零碎分散。"① 这种做法既是一种自然法，也是一种政府规制，其带来的好处也是显而易见的：一方面政府可以借此增加税收，或有更多的劳役来源；另一方面家庭细胞的不断分裂使社会更加趋于稳定。"分户析产制"条件下，虽然也会出现土地的买卖，但一般不会出现大规模的土地兼并与集中。即便如晚清时期出现的超级规模地主兼并土地的情况，其耕作方法依然是以佃农、雇农为主，并没有出现西方大规模农场。为什么会这样，学界有一种相对比较合理的解释，"因为自耕农国家及其政府和人民没有别的财富来源，不可能对外掠夺与侵略，只能选择内向的均衡化调整，也只能通过均分土地，发展自耕农业，以精耕细作提高单产来缓解人口压力，满足人们的生存需要"②。"自耕农制"和"分户析产制"的传统规制使我国农业劳动力的发展状况和培育特点与西方国家迥然不同。

---

① 温铁军，等.从农业1.0到农业4.0——生态转型与农业可持续 [M]. 北京：东方出版社，2021：109.
② 温铁军，等.从农业1.0到农业4.0——生态转型与农业可持续 [M]. 北京：东方出版社，2021：110.

第一节 我国农业劳动力培育的演进过程

我国农业劳动力培育经历了一个由培育知识型农民到农民职业化,再到新型职业农民再到高素质农业劳动力的发展演进过程。从内涵角度来看,大致可以划分为五个阶段。

一、培育知识型农民阶段

1949年,全国总人口为54167万人,其中,按农业和非农业人口划分,农业人口有44726万人,占总人口数的82.6%;按乡村和市镇人口划分,乡村人口有48402万人,占总人口数的89.4%。[①] 因此,从人口结构来看,在新中国成立时,中国是一个农民占绝大多数的国家。基于这种国情,新中国成立以来,我们党在新解放区进行了轰轰烈烈的以废除封建土地制度为核心的土地改革运动。1949年,《中国人民政治协商会议共同纲领》就明确规定,要"有步骤地将封建半封建的土地所有制改变为农民的土地所有制"。为了完成这个任务,1950年6月,中央制定了《中华人民共和国土地改革法(草案)》,随后又相继制定了与之相配套的法规、政策。土地革命使1.45亿老解放区农业人口和2.9亿新解放区农业人口得到了土地,极大地解放了农业生产力。但由于农民文化水平较低(文盲率高达98%),如何提升农民文化水平推进农业生产力发展的问题被提上了议事日程。针对这一问题,中央提出了知识型农民的要求,即通过一系列的举措快速提升农民的文化素质。从1950年开始,党中央号召各地利用农闲着力开展文化普及教育,并在

---

① 姜毅. 1949—1952年中国农村建设的历史特征探析 [J]. 卷宗,2017(07):190-191.

各地农村普遍开展了文化扫盲运动,"1950年全国农民上冬学的有2500万人以上,1951年上常年夜校的农民有1100余万人。新的科学知识开始传播,劳动光荣逐渐成为风尚。1952年与1949年相比,农村在校小学生数增加111.8%,中学生增加186.2%"[1]。随后,中央又通过农业社会主义改革运动、农村社会主义教育运动、"教育大革命"[2] 等对农民进行社会主义教育,极大地提升了农民的政治素质和文化素质。

二、用现代科学技术知识武装农民阶段

党的十一届三中全会以后,我们党实现了工作重心的转移,更加突出强调农业农村在国民经济发展中的地位和作用,并以农村改革带动各领域改革,提出了"农业现代化"的建设目标。1979年9月,十一届四中全会通过的《中共中央关于加快农业发展若干问题的决定》(下称"《决定》")指出:"全面实现农业现代化,彻底改变农村面貌,这是我国历史上一场空前的大革命。为了实现这样的目标,必须从我国人口多、耕地少、底子薄、科学文化水平低,但幅员广阔、自然资源比较丰富、有众多的劳动力等特点出发,认真总结我国自己的经验,虚心学习外国的先进经验,尽可能避免技术先进国家曾经出现的弊病,走出一条适合我国情况的农业现代化的道路。"[3] 走适合我国国情的农业现代化道路是改革开放以后我们党的一个重大理论创新,表明了我们党对农业

---

[1] 中共中央党史研究室. 中国共产党的九十年(社会主义革命和建设时期)[M]. 北京:中共党史出版社,2016:384.

[2] 1958年9月19日,中共中央、国务院发出了《关于教育工作的指示》。提出"必须把生产劳动列为正式课程,每个学生必须依照规定参加一定时间的劳动。"在教育事业发展中,提出从大区到省、地、县都要建立比较完整的教育体系,要求在15年左右时间内普及高等教育。"教育大革命"的主要内容是进行教学改革,坚持教育与生产劳动相结合,开展勤工俭学。

[3] 中共中央文献研究室. 三中全会以来重要文献选编:上[M]. 北京:中央文献出版社,2011:169.

重要性的认识达到了一个新的高度。为了尽快实现农业现代化，《决定》提出了 25 项农业政策、农村经济政策和增产措施，以及 8 项战略任务。其中，8 项战略任务的第一条就是"用现代科学技术知识来武装我们的农村工作干部和农业技术人员，需要有大批掌握现代农业科学技术的专家，需要有一支庞大的农业科学技术队伍，需要有数量充足、质量合格的农业院校来培养农业科技人才和经营管理人才。同时，要极大地提高广大农民首先是青年农民的科学技术文化水平"[①]。农业现代化需要大量的具有现代化素质的农业劳动力。改革开放初期，城乡二元结构矛盾突出、工农业用工比例失调、职业教育发展缓慢等原因，使农业劳动力素质长期得不到提升。一方面由于城市就业机会有限，大量进城农业劳动力被迫回归农村，造成了农业劳动力冗余，"各地全民所有制单位在计划外使用农村劳动力有五百万人……把这部分人动员回农村，改变大批农村劳动力进城，而城镇又有大量人员待业的不合理现象，今后不经过国家劳动总局批准，不准从农民中招工"[②]。另一方面从 1958 年到 1988 年的 30 年间，我国乡村人口从 5.52 亿增加到 8.23 亿，净增 2.7 亿人，耕地面积却减少了 10.5%。虽然乡村从业人员从 2.13 亿增加到了 4 亿，但农村就业依然很不充分。这就导致了农业劳动力相对过剩与城乡接纳能力不足之间的矛盾（见表 3-1）。加强农业劳动力素质培育，使其能够胜任城镇工业化需要和农业现代化发展需要成为党亟待解决的问题。党的十四大以后，随着乡镇企业、集体企业、个体和私有经济的快速发展，大量剩余农业劳动力以市场化形式向非农产业转移。农业劳动力的科学文化素质培育问题再次在农业、工业两大部门中凸显出来。1993 年，中共中央、国务院在《关于当前农业和农村经济发展

---

① 中共中央文献研究室. 三中全会以来重要文献选编：上 [M]. 北京：中央文献出版社，2011：169-170.
② 中共中央文献研究室. 三中全会以来重要文献选编：上 [M]. 北京：中央文献出版社，2011：117.

的若干政策措施》中提出,"农产品的市场竞争,归根到底是产品科技含量的竞争。要加速发展农业和农村经济,必须紧紧依靠科技进步和提高劳动者的素质,继续推进农科教'三结合',全面实施科技、教育兴农的发展战略"[1]。1993年,十四届三中全会通过的《中共中央关于建立社会主义市场经济体制若干问题的决定》明确"要制定各种职业的资格标准和录用标准,实行学历文凭和职业资格两种证书制度,逐步实行公开招聘,平等竞争,促进人才合理流动"[2]。科教兴农战略和职业资格证制度的提出为这一时期的农业劳动力培育指明了方向。

表3-1 农村劳动力变化情况（单位：万人、%）[3]

年份	乡村劳动力	农业劳动力	比重	非农劳动力					
				数量	比重	工业	建筑业	交通运输业	商饮业
1982	33866.5	31152.7	92.0	2713.8	8.0	/	/	/	/
1983	34689.5	31645.3	91.2	3044.7	8.8	873	482.5	160.9	206.2
1984	35967.6	31685	88.1	4282.6	1.9	1033.6	811.4	316.4	421.7
1985	37065.1	30351.5	81.9	6713.6	18.1	2741	1130.1	434.1	462.6
1986	37989.8	30467.9	80.2	7521.9	19.8	3139.3	1308.6	506.1	531.8
1987	39000.4	30870	79.2	8130.4	20.8	3297.2	1431.3	562.5	606.9
1988	40066.7	31455.7	78.5	8611	21.5	3412.8	1525.5	607.3	657.1

---

[1] 中共中央文献研究室.十四大以来重要文献选编（上）[M].北京：中央文献出版社，2011：424.

[2] 中共中央文献研究室.十四大以来重要文献选编（上）[M].北京：中央文献出版社，2011：472.

[3] 梅建明.二元经济结构转换与农业劳动力转移[J].农村经济，2003（05）：59-62.

续表

年份	乡村劳动力	农业劳动力	比重	非农劳动力					
				数量	比重	工业	建筑业	交通运输业	商饮业
1989	40938.8	32440.5	79.2	8498.3	20.8	3255.6	1501.8	614.2	652.4
1990	42009.5	33336.4	79.4	8673.1	20.6	3228.7	1522.8	635.3	693.2
1991	43092.5	34186.3	79.3	8906.2	20.7	3267.9	1533.8	655	722.8
1992	43801.6	34037	77.7	9764.6	22.3	3468.2	1658.8	706.3	813.7
1993	44255.7	33258.2	75.2	10997.5	24.8	3659	1886.8	799.9	948.8
1994	44654	32690	73.2	11964	26.8	3849	2057	908.1	1084.0
1995	45041.8	32334.5	71.8	12707.3	28.2	3970.7	2203.6	983	1170.4
1996	45288	32260.4	71.2	13027.6	28.8	4018.5	2304.3	1027.6	1261.5
1997	45961.7	32434.9	70.6	13526.8	29.4	4031.3	2372.7	1057.8	1381.5
1998	46432.2	32626.4	70.3	13805.8	29.7	3928.6	2393.5	1087.9	1461.39

数据来源：《中国农业发展报告（1999）》

三、农民职业化教育阶段

农民职业化教育是国际通行的规制和典型做法。我国最早提出农民职业化教育问题，是在1991年《国务院关于大力发展职业技术教育的决定》中提出的。该文件指出要"视条件逐步实行农民技术资格证书制度"，并在农村完善农民技术人员职称评定制度。根据《决定》要求，相关部门研究部署了包括逐步推进"绿色证书"制度在内的四项工作，并开展了"绿色证书"制度试点工作。1992年，农业部（文中若无特别标明，以下所称的"农业部"均指原国家农业部）根据农民职业化发展要求，制定了《农民技术资格证书制度管理办法（试行）》，将包括"绿色证书"在内的各类涉农技术资格证考核管理纳入监管范围。1994年，国务院办公厅转发农业部《关于实施"绿色证书工程"意见的通知》，把逐步建立和完善符合中国国情的"绿色证书"制度作为绿色工程的目标和任务，为建立与现代化农业相适应的农业从业人员培训和资格证书制度奠定了基础。1997年4月，农业部在对1991年颁布的《农民技术资格证书制度管理办法（试行）》修改完善的基础上，出台了《"绿色证书"制度管理办法》。该办法共7章27条，就"绿色证书"的界定，组织管理，实施范围、对象与技术标准，培训与考核等进行了明确规定。该办法有三个亮点：一是就"绿色证书"的定义进行了明确，指农民达到从事某项农业技术工作应具备的基本知识和技能要求，经当地政府或行业管理部门认可的从业资格凭证，是农民从业的岗位合格证书。这就说明传统农民的"零门槛"进入已经成为历史，专业化的农民正式进入国家劳动力可持续发展视野。二是对"绿色证书"制度进行了界定，指通过法律、行政、经济等手段，对农民从业的技术资格要求、培训、考核、发证等作出规定并制定相关配套政策，是确保提高从业人员的文化科技素质的制度集合。三是明确了"绿色证书"技术资格标准以及培训单位。这说明农民职业化有了标准化设计和常态化培育场所。虽然"绿色证书"制度带有明显的"舶来品"意思，但毕竟是我国农业劳动力培育由传统型向现代型迈进的一次尝试和探索。从1994年到2006年的12年间，我国农业劳动力"绿色证书"培训逐渐步入了规范化、制度化的轨道。通过增设涉农职业院校、增加农村教育投入等方面，吸引大量农业劳动力接受职业教育，实现了农村职前教育与职后教育的衔接。到2006年，全国已有31个省（区、市）组织开展了"绿色证书"培训工作，2000多万农民参加培训,1000多万农民获得绿色证书①。

四、新型职业农民培育阶段

新型职业农民是相对于传统型农民而言的,从概念提出到逐步实施经历了十余年的时间。2005年,农业部在《关于实施农村实用人才培养"百万中专生计划"的意见》中首次提出"职业农民"的概念,"农村实用人才培养的重点是农村劳动力中具有初中(或相当于初中)及以上文化程度,从事农业生产、经营、服务以及农村经济社会发展等领域的职业农民。"2006年,农业部提出要招生10万名左右职业农民培养成农村实用人才。2012年中央一号文件《关于加快推进农业科技创新持续增强农产品供给保障能力的若干意见》首次提出"大力培育新型职业农民",随后新型职业农民被纳入农业劳动力培育战略规划。为贯彻落实一号文件精神,同年,农业部制定了《新型农业农民培育试点工作方案》,2013年又制定了《2013年农村劳动力培训阳光项目实施指导意见》。与此同时,一系列配套方案不断出台,如《中等职业学校新型职业农民培养方案》(2014)、《关于统筹开展新型职业农民和农村实用人才认定工作的通知》(2015)、《"十三五"全国新型职业农民培育发展规划》(2017)等。截至2020年,全国农村实用人才培育总量突破2000万人,其中新型职业农民达到1500万人,农民职业培训规模超过千亿元。

五、高素质农业劳动力培育阶段

2001年,国务院印发的《农业科技发展纲要(2001—2010年)》首次提出"高素质农民"问题。不过这里所指的"高素质农民"主要

---

① 国务院办公厅. 组织实施"绿色证书"工程[EB/OL]. 中华人民共和国中央人民政府官网,2006-08-27.

是针对农业科技领域而言的，是与"农业科技学术带头人、农业技术推广人才、农业科技企业家和农业科技管理人才"并行的农业科技队伍之一。2019年，《中国共产党农村工作条例》提出"培养一支有文化、懂技术、善经营、会管理的高素质农民队伍，造就更多乡土人才"目标任务。2020年中央一号文件《中共中央 国务院关于抓好"三农"领域重点工作 确保如期实现全面小康的意见》再次提出"整合利用农业广播学校、农业科研院所、涉农院校、农业龙头企业等各类资源，加快构建高素质农民教育培训体系"。随后，2021年、2022年中央一号文件以及《中共中央 国务院关于加快推进乡村人才振兴的意见》等文件对高素质农民培育又进行了整体安排。尤其是《中共中央 国务院关于加快推进乡村人才振兴的意见》将培养高素质农民队伍摆在了"加快培养农业生产经营人才"两项措施的首位，并将"深入实施现代农民培育计划""充分利用现有网络教育资源""实施农村实用人才培养计划""加强培训基地建设"等作为培养高素质农民队伍的具体举措。由此可以看出，党的十九大以后，党中央提出的高素质农民与2001年国务院提出的高素质农民在内涵上有了较大的扩展，充分体现了新时代推进农业农村现代化的人才培养要求和人才发展趋势。与新型职业农民的"掐尖化"相比，高素质农民群体覆盖面更广、内涵更丰富，体现了"大众化"。从《2021年全国高素质农民发展报告》统计情况来看，目前农业农村部、财政部实施的"高素质农民培育计划"已覆盖全国所有农业县（市、区）。截至2021年，通过统筹推进新型农业经营主体和服务主体能力、种养殖能手技能培训、农村创新创业者培植、乡村治理及社会事业发展带头人培育四大重点行动，全国已累计培养高素质农民500余万人，中央农广校"云上智农""农广在线"两个App高素质农民注册用户近800万人，全国农民手机应用技能培训辐射超4000万人次。通过"农学结合、送教下乡、弹性学制"方式，大力发展农民职业教育，高素质农民发展指数提升到了0.51，较2019年和2020年分别增加了 5.52% 和 4.68%。同时，获得农民技术人员职称、国家职业资格证书的比例分别为 40.13%、18.34%，比 2019 年分别提高了 23.89% 和 6.76%。①

第二节　国外高素质农业劳动力培育的主要模式

从根本上讲，世界范围内农业劳动力培育与农业生产模式、农业劳动力培育模式有着密切的关系。温铁军等学者认为世界农业发展有三种基本模式，即"盎格鲁—撒克逊模式"（殖民地国家的大农场农业）、"莱茵模式"（欧洲宗主国的中小农场农业）、"东亚模式"（中、日、韩为代表的东亚原居民农业）。有学者将这三种农业生产模式与农业劳动力培育对应起来，提出了三种供给模式：第一种是东亚模式，以日本、韩国为代表的超小型农户加农协培育模式；第二种是北美模式，以美国、加拿大等为代表的超大型农场主加私营企业为主的农民培育模式；第三种是西欧模式，以英国、德国和法国为代表的政府把农业证书制度与农民考核相结合的培育模式。② 事实上，世界各国都有各自的国情，农业劳动力培育模式和供给模式各不相同。我们择取几个较为典型的模式加以分析。

一、以美国为代表的北美模式

美国是典型的移民国家，地多人少是其基本特征。据统计，美国农业用地占国土面积的 45%，约为 418 万平方千米，而农业劳动力不足国

---

① 农业农村部科技教育司，中央农业广播电视学校. 2021 年全国高素质农民发展报告[M]. 北京：中国农业出版社，2021..
② 朱信凯. 新型职业农民，你愿意当吗？[EB/OL]. 网易网，2019-04-06.

民的1%，仅为300多万人，这就为大农场农业创造了条件。为了适应规模化经营、机械化生产、单一化种植、市场化营销的农业生产特点，美国政府高度重视对农业劳动力的培育问题，逐步形成了"'三位一体'+信息化"的职业农民培育模式。所谓"三位一体"就是由政府财政支持和农场主出资相结合的集农业教育、农业科研、农业推广为一体的培训模式。1862年、1890年美国分别出台了两部《赠地法案》，将土地赠送给州议员，然后根据土地收入多少用以资助大学建设。而大学则以发展农业学科、农业技术、为农业培养人才来回馈资助，这样就将农业与大学捆绑在了一起。第二次世界大战以后，美国的农业劳动生产率快速提升，这得益于两个方面：一方面是对农业的物化劳动投入增多，而对活劳动的投入则快速减少。如果将1929年大萧条时期的活劳动设值为100的话，那么1980年前后则下降到了17，2020年前后又下降到8左右，这就导致了各种作物和畜牧产品的劳动工时大大减少，从而节约了人力成本；另一方面是农业劳动力的素质较高，他们"一般有条件接受高等专业教育，而且随着美国教育事业的发展接受高等教育的机会越来越多。因此，他们有优良的文化素养和丰富的专业知识，能适应现代农业科学技术对劳动者的要求"[①]。在此过程中，美国还建立了比较完备的农民培训法律体系和信息化系统，并通过联邦政府、州政府、地方政府三级财政预算对农民培训进行支持补贴。

二、以英德法为代表的西欧模式

英国、德国等原殖民国家，被温铁军等学者称为原宗主国。这些国家的特征是地少人少，工业化、城市化程度较高，"市民农业""社区农业"等合作主义农业占据主导地位。这种农业模式不可避免地将农

---

① 陈宝森. 美国经济与政府政策：从罗斯福到里根[M]. 北京：社会科学文献出版社，2014：224-225.

民培训与社会教育紧密联系起来。例如,英国的农民培训工作由农业部培训局、地方教育局和农学院合作进行,培训经费的70%由政府财政提供,成为唯一能得到政府资助的产业培训。培训局针对不同人群制订培训计划,负责农业教育的宏观管理。地方教育局、农业学院负责具体的培训工作,达到农业职业技术要求的劳动力可以获得国家职业资格证书。同时,为了保证培训质量,英国政府还从法律上规定,对农民参加培训期间的工资和津贴给予补助;农场工人上课时间的工资由农业培训局的政府基金支付,农场主不用支付。德国实施的是农业劳动力培训"双元制",即校企轮流进行培训和教育,同时经费也由二者共同承担但比例不一样。具体来说就是,每周由学校进行1—2天的理论教育、由企业进行3—4天的技能培训共同完成对参训人员的培养。同时,德国对农业劳动力培训的质量把关十分苛刻,规定农业就业者必须经过3年及以上的正规职业教育才能正式进入工作岗位。法国则拥有职业农民教育体系,法律规定从事农业经营必须获得专业的证书。法国的农业职业证书获得的方式有很多种,可以通过农业的职业培训机构获得,也可以索取政府机构的培训学习资料通过考试获得。据统计,法国有806个农民教育机构、371个学徒培训点、495个成人教育培训点,对潜在农业劳动力进行常规化培训。同时,法国对农业教育的补助也非常高,每名农学专业学生补助经费约为9500欧元,对于攻读农业工程师、园林设计师、兽医专业的学生补助则高达1.44万欧元。

三、以澳大利亚为代表的大洋洲模式

澳大利亚原属于殖民地国家,长期的殖民历史造就了地多人少、农业欠发达的国情。独立以后的澳大利亚同样重视农业劳动力培育工作,主要模式是通过成立全国就业、教育和培训委员会对培训进行宏观指导和管理,然后由各州的就业和技术培训部负责农村职业教育和培训。其

中培训课程方式有全日制长期课程、半工半读式长期课程、短期课程、函授教学和外出教学5种，且教师不仅需要有过硬的专业知识，还得有农业的实际工作经验。此外，政府给予大量资金支持以推进新型职业农民培训的发展，为鼓励农场主和企业开办农民职业培训机构，政府还提供了职业培训经费总额20%—30%的资助。

四、以日韩为代表的东亚模式

由于地理条件和农业生产基础较差，日本和韩国特别重视对农业劳动力的培训工作。早在1948年，日本在颁布的《农业改良助长法》中就已经对农业培训做出了规定。农业大学是日本新型职业农民的主要培训主体，而且由农业大学还延伸出中等农业学校、农科类大学、综合性大学的农学部等，为日本农业输送了一批又一批能运用现代化、专业化农业生产技术和管理知识的职业农民。在整个培训链中，政府一直处于主导加扶持地位，尤其在法律和资金上给予了大力保障。韩国主要以农协、农村振兴厅、农业大学为主体，同时也吸收社会上的其他力量共同参与新型职业农民培训。同时，在政府立法和统筹规划下，涉农部门还需分工协作参与培训当中。目前，韩国农民职业培训包括三种，即：公共职业培训、企业职业培训和资格认定职业培训，同时也配有相对应的培训机构。至于资金来源，主要有向企业征收的职业培训分担金、政府补助等。[①]

[①] 陈祈.国外培养新型职业农民的四种成功模式[N].东方城乡报，2021-12-04(08).

第三节 我国高素质农业劳动力培育的主要模式及其特点

美国经济学家西奥多·W. 舒尔茨在《改造传统农业》一书中，从经济学角度出发，批驳了传统农业生产要素配置效率低下和隐蔽失业理论，提出农民作为新要素的需求者具有投资的可能性和必要性，而对农民的人力资本投入将是改造传统农业的必由之路。① 这里舒尔茨提出的农民人力资本投入实质上就是高素质农业劳动力培育问题。当前，我国高素质农业劳动力培育模式与国际上先进农业国家农业劳动力供给模式相比，既有共通性，也有鲜明的民族性和时代性。与国际农业劳动力培育相似，总体来讲，我国农业劳动力培育也属于政府主导型模式，即政府在农业劳动力培育、培训、分配、引导等方面始终发挥着宏观调控的作用。主要通过政策鼓励、财政支持、税收优惠、贷款补贴等形式，引导涉农单位、涉农企业、农业园区、专业合作社等组织参与农业劳动力培育，引导其与政府主办的农广校、农技推广站点、农机站点等机构共建实训基地、生产经营教学基地等。但相较于国外培育模式也有着鲜明的中国特色（如图3-1）。具体而言，有以下四种模式。

一、"六级"统筹协同模式

"六级"统筹协同模式是指国家、省级、市级、县级、乡级和农村社区多元一体、各司其职的农业劳动力培育架构。国家主要功能是通过相关立法和政策制定对农业劳动力培育进行规制。一是完善农业劳动力培育立法，如《中华人民共和国农业法》《中华人民共和国职业教育

---

① ［美］西奥多·W. 舒尔茨. 改造传统农业［M］. 北京：商务印书馆，1987：122-150.

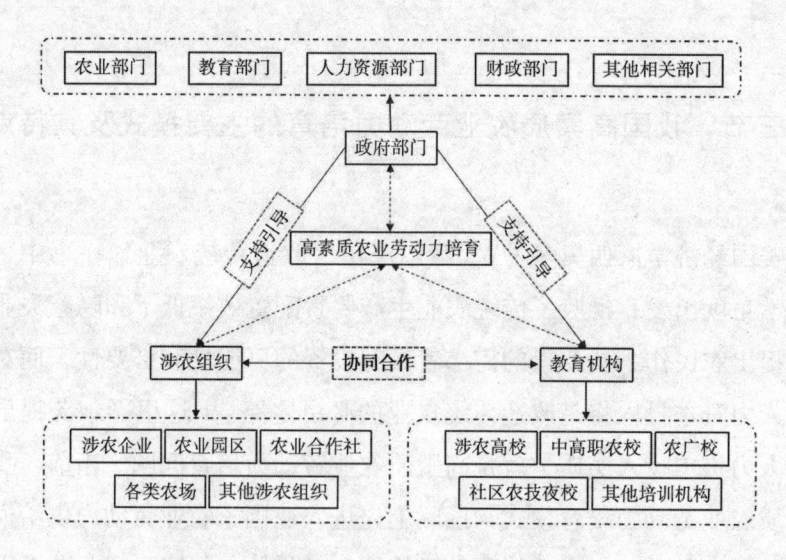

```
┌─────────────────────────────────────────────────────┐
│ 农业部门  教育部门  人力资源部门  财政部门  其他相关部门 │
└─────────────────────────────────────────────────────┘
                          ↕
                      ┌────────┐
                      │ 政府部门 │
                      └────────┘
                    ╱           ╲
              支持引导          支持引导
                  ╱                 ╲
            ┌──────────────────────────┐
            │     高素质农业劳动力培育    │
            └──────────────────────────┘
              ╱                         ╲
        ┌────────┐  ← 协同合作 →  ┌────────┐
        │ 涉农组织 │               │ 教育机构 │
        └────────┘               └────────┘
           ╱                           ╲
┌────────────────────────┐   ┌────────────────────────┐
│ 涉农企业 农业园区 农业合作社│   │ 涉农高校 中高职农校 农广校 │
│  各类农场  其他涉农组织   │   │ 社区农技夜校 其他培训机构 │
└────────────────────────┘   └────────────────────────┘
```

图 3-1 我国农业劳动力培育模式结构图

法》《中华人民共和国乡村振兴促进法》《中国共产党农村工作条例》等对农业劳动力培育都有相关规定。二是根据不同历史阶段农业发展状况和劳动力供需情况制定相应的发展规划和指导意见。如《现代农业发展规划（2011—2015 年）》《关于加快发展现代农业 进一步增强农村发展活力的若干意见》《关于全面深化农村改革 加快推进农业现代化的若干意见》《全国农业现代化规划（2016—2020 年）》《"十三五"全国新型职业农民培育发展规划》等。三是根据实际情况和出现的问题，实施有针对性的专项培育工程，如"十三五"期间，农业农村部实施的"新型职业农民培育工程""新型职业农民学历提升工程""新型职业农民培育信息化建设工程"等。除此之外，国家还通过设立农村工作领导小组、农业农村部、乡村振兴局等专门机构对农业劳动力培育、供给、调节等进行指导。相比较而言，这些都是国际通行做法，如美国的《莫雷尔法案》《哈奇实验站法案》《就业机会法》，日本的《农业基本法》，德国的《联邦职业教育法》等均对农业劳动力培育权给予立法支持。在国家立法的基础上，各省通过制定配套工作条例、实施意见等对省辖范围内的农业劳动力培育进行总体规划。市、县、乡、农村社区是农业劳动力培育的承载主体，担负具体的培育任务。"六级"统筹模式具有鲜明的中国特色，是我国农业劳动力培育长期经验的总结和积累，在根本上区别于西方发达国家松散的培育管理体系。

二、农业高等教育、职业教育与农业科研院所协同模式

高校是农业劳动力培育的主要载体。例如，美国实行的是正规农业教育和一般性农业技术推广教育相结合的模式。除农业学科学历教育体系外，美国十分注重以民间组织进行职业农民农业技术教育，最著名的就是依托农业院校成立的4H组织（Head、Hand、Heard、Health，即睿智头脑、勤劳双手、善良心灵、强健体魄），该组织在进行农校对接、培育高素质农业劳动力方面做了大量的工作，一定程度上填补了政府主导型培育的空隙。我国农业教育由来已久，例如20世纪20—30年代晏阳初、梁漱溟、陶行知等人开展的乡村教育运动，他们在江苏无锡、河北定县、山东邹平、四川巴县（今重庆市巴南区）、贵州定番等地通过建立中华职业教育社、中华教育改进社、山东乡村建设研究院、四川乡村建设学院、上海立达学院等，对农民进行教育。新中国成立以后尤其是改革开放以来，农业教育尤其是高等教育和职业教育迅速发展起来，逐步形成了以农业高等教育、职业教育为主体，与农业科研院所相协同的高层次农业劳动力培育模式。据统计，近20多年来，农学类本科招生数量增长了1倍多，本科招生从3万多人增加到6.7万人，专科类从不到2万人增加到6万余人。同时，农业科研院所的硕博士研究生以及博士后培训工作近些年也有较大幅度的提升。除学历教育外，大量涉农高校按照国家要求通过开办新型职业农民培训班、农民开放课程在线培训等培育了大量的农业劳动力。2017年、2018年农业农村部分两批遴选全国新型职业农民培育示范基地200个。其中高等院校、职业院校、

科研院所108所，占总量的54%。

三、涉农企业联培模式

涉农企业是指从事农产品生产、加工、销售、研发、服务等活动，以及从事农业生产资料生产、销售、研发、服务活动的企业。涉农企业通常包括为农产品生产提供生产资料和服务的农资企业、农产品生产企业、农产品加工企业、农产品流通企业四种类型。涉农企业由于与农业生产、管理、服务直接相关，同时又是农业劳动力高度集中的单位，因此具有培育农业劳动力的条件和动力。党的十八大以来，我国通过政府购买服务、财政补贴、税务减免等政策支持和鼓励涉农企业开展农业劳动力培训培育。从全国两批新型职业农民培育示范基地遴选数据来看，涉农企业数量有80余家。同时，各省市还独立遴选了相当数量的示范基地。涉农企业联培模式有三个特点：一是实用性，培训培育直面农业生产，可以根据农业发展需要进行订单式培养；二是长期性，培训培育不受学时限制，可以在企业生产过程中让需要培训的劳动力全过程、全环节参与；三是直观性，培训培育可以安排在生产车间，也可以在田间地头，通过农民来学、企业派人指导等形式进行直接对接，避免了中间环节的信息不对称。

四、田间学校与原野培育模式

我国自古以来就有以农带农的传统，例如《齐民要术》就记载："皇甫隆为敦煌，敦煌俗不晓作耧犁，及种，人牛功力既费，而收谷更少，皇甫隆乃教作耧犁，所省佣力过半，得谷加五。"当前，随着农业科学技术的发展，一方面农业发展需要的信息获取更加便捷，另一方面农业发展需要的劳动力趋于减少。但这并不意味着传统"手把手"的农业技术传授模式完全丧失了功能，恰恰相反，对于一些种养殖技术要求高、需要大量实践经验积累的农业生产，更需要依靠田间学校与原野培育来进行。田间学校是最早是由联合国粮农组织（FAO）提出和倡导的一种农民培训方法，该培训方法注重发挥农民的主观能动性，突出农民的参与性。1989年，世界上第一所农民田间学校在印度尼西亚开办，20世纪90年代初扩展到亚洲其他国家和地区，后又扩展到非洲、美洲、东欧等地区。比较典型的案例是联合国粮农组织实施的东南亚水稻IPM（有害生物综合治理）项目。1992年联合国粮农组织根据在IPM项目实施中总结出的经验，大力在发展中国家推进全生长季农民田间学校并以此改变农民传统种植观念。1998年，我国成为该项目实施成员国，2000年起又增加执行棉花IPM项目。截至目前共举办田间学校24期，培养农民带头人772人。2004年开始，中德合作在河北省藁城市（今石家庄市藁城区）、保定市徐水区和衡水市桃城区实施ESIA（华北地区集约化农业的环境战略）项目并开办田间学校，从种到收全过程培训温室西红柿、黄瓜等蔬菜无公害栽培技术。2005年，北京市启动农民田间学校建设项目，围绕郊区有机草莓、有机西瓜、食用菌、无公害西洋参、奥运蔬菜等优势产业开展培育。目前已建起56所示范带动能力强的农民田间学校，培养农民技术员1800余人，带动示范农户5万余户。除政府主导的田间学校建设以外，各地农民还根据各自发展需要探索出了互帮互助式的原野培育模式，当然这一类型的培育主要针对专业化家庭农场、种植养殖专业户等。为了推进田间学校与原野培育建设，国家在《"十三五"全国新型职业农民培育发展规划》《全民科学素质行动规划纲要（2021—2035年）》等文件中均明确提出，要探索实施菜单式学习、顶岗实训、创业孵化等多种培育方式。

五、我国高素质农业劳动力培育的基本特点

早在1988年关乃孚等人在《农业经济学》一书中就将我国农业劳

动力特点概括为"基础大、增长快""文化技术水平较低""分布结构不协调""勤劳朴实,血统观念强"四个方面[1]。农业劳动力自身的这些特点决定了农业劳动力培育的基本特点。总体来看,与国际农业劳动力培育模式相比,我国的农业劳动力培育具有鲜明的中国特色,其基本特点有三个。

(一) 政府主导

从新中国成立以来农业劳动力培育的历史来看,无论是集体化农业发展阶段,还是改革开放后以家庭联产承包为主的农业发展阶段,还是当前允许、鼓励土地经营权流转条件下的适度规模经营阶段,政府主导始终都是一个鲜明特征。具体来讲,政府主导包含三重实践逻辑。

第一,政府对农业劳动力状况进行普查以获取不同历史阶段的劳动力发展数据,从而为制定政策奠定基础。代表性的工作是农业普查和人口普查,尤以农业普查最为典型。1997年,我国进行了第一次农业普查,随后每十年进行一次。截至目前已开展三轮普查登记工作。为了做好农业普查,2006年根据《中华人民共和国统计法》,国家专门制定了《全国农业普查条例》,对普查的目的、对象、范围、内容、组织实施、数据处理与质量控制等以法规的形式进行了明确。《全国农业普查条例》开篇的第二、三条即明确规定:"农业普查的目的,是全面掌握我国农业、农村和农民的基本情况,为研究制定经济社会发展战略、规划、政策和科学决策提供依据,并为农业生产经营者和社会公众提供统计信息服务。农业普查工作按照全国统一领导、部门分工协作、地方分级负责的原则组织实施。"[2] 这就表明,农业普查作为党和国家制定政策的基本依据,其主体行为只能是政府。第二,根据调查研究结果和各

---

[1] 关乃孚,等. 农业经济学 [M]. 北京:北京农业大学出版社,1989:107-108.
[2] 中华人民共和国常用法律法规全书(2012年修订版) [M]. 北京:法律出版社,2012:1556.

地农业劳动力培育积累的经验，政府制定相应的发展规划、政策措施等，用以指导农业劳动力健康发展。这主要体现在不同历史阶段的涉农政策中，例如党的十九大以来，围绕推进乡村人才振兴，国家先后出台了《乡村振兴战略规划（2018—2022年）》《关于加快推进乡村人才振兴的意见》《关于向重点乡村持续选派驻村第一书记和工作队的意见》《"十四五"农业农村人才队伍建设发展规划》等一系列制度文件，为农业劳动力发展提供了坚实的制度保障。第三，依据政策制度推进农业劳动力培育，为优质农业劳动力培育提供支撑。政府主导农业劳动力培育突出表现在对农村职业教育的重视和支持。总体来讲，共经历了四个发展阶段，即1949—1977年以农业发展为中心的农村职业教育阶段、1978—2002年以农业经济全面发展为中心的农村职业教育阶段、2003—2012年以培育新型农民为中心的农业职业教育阶段、2013年至今以精准扶贫和乡村振兴为中心的农村职业教育阶段。经过70多年的发展，从1950年107所农业类中等职业技术学校、2.1万学生，发展到如今拥有专本硕博四级农学培养体系，数千所农业类高校和数以万计的农业类培养机构的多层次农业教育架构。

（二）多元协同

农业劳动力培育是一项系统工程，需要社会相关系统的整体协同才能完成。这种协同一方面体现了农业劳动力问题的复杂性，另一方面也体现了中国特色农业劳动力培育的制度优越性。从实践来看，多元协同包括三个层面的内容。

第一，政府部门之间的协同。例如，2021年12月，农业农村部印发的《"十四五"农业农村人才队伍建设发展规划》就涉及教育部、财政部、工业和信息化部、国家乡村振兴局等相关部委；2021年国家制定的《关于实现巩固拓展教育脱贫攻坚成果同乡村振兴有效衔接的意见》直接涉及教育部、国家发展改革委、财政部、国家乡村振兴局四个部门，间接关联部委则有十余个。政府部门协同能够最大化地发挥自身的功能优势，体现了在重点工作上的一盘棋思想。第二，政府与农业类高校之间的协同。农业类高校在培育高素质农业劳动力中发挥了主力军作用，是对政府主导模式的支持和完善。一般来讲，政府通过财政转移支付、专项计划、政府购买服务等，将高素质农业劳动力培育的任务下发到高校，高校则通过课程讲授、实践研学等形式将政府任务落实到人才培养过程之中，实现两者在价值目标上的高度统一。近几年，教育部遴选的两批100余所新型职业农民培育示范基地（高校）以及各省市自行遴选的培育示范高校就是政校协同的典型例子。第三，农业类高校与涉农企业的协同。高校以理论见长，而企业则注重实践。近几年，高素质农业劳动力培育的一个突出特点就是高校与企业相结合，将高校的理论讲授与企业的生产实践进行无缝对接，从而实现了高素质农业劳动力培育的高质量发展。

（三）主体参与

无论是政府主导，还是多元协同，高素质农业劳动力培育最终都要落脚到"劳动力"这个主体上来，也就是内生动力激发的问题。2018年，中共中央、国务院印发的《关于实施乡村振兴的意见》提出要"大规模开展职业技能培训，促进农民工多渠道转移就业，提高就业质量"。随后出台的《乡村振兴战略规划（2018—2022年）》提出要"发展壮大县域经济，加快培育区域特色产业，拓宽农民就业空间"。由此可以看出，目前国家外部的支持政策已经相当完备，关键在于农业劳动力作为能动主体的参与性是否能够调动起来。从当前的实践情况来看，主体参与积极性较以往有了很大的提升。以河南省推行的"人人持证、技能河南"培训项目为例，2021年12月，河南省委、省政府印发《高质量推进"人人持证、技能河南"建设工作方案》，明确提出"到2025年，完成1500万人次职业技能培训，1050万人取得相应证书。全省持证人员总量达3000万人，占从业人员的60%以上。其中，技能人才总量达1950万人，占从业人员的40%左右；中高级技能人才总量达1560万人，占技能人才总量的80%以上。力争全省技能劳动者全部实现持证就业，基本建成全国技能人才高地"。该项目实施与此前开展的新型职业农民培育相互配合，形成了支持农业劳动力主体参与的政策架构。从目前各地实施与反馈情况看，涉农人员参与积极性高、参与范围较广。据不完全统计，涉农类持证人数已达200万，占培育目标总人数的13.3%。农业劳动力主体参与性反映了未来农业发展的趋势，其参与程度的加深必将促使越来越多的高素质劳动力向农业领域回流。

第四章

农业劳动力思想道德素质培育

历史上的中国是传统意义上的农业国家，农村农业天然地携带着中华文明的基因，孕育着中华民族代代传继的思想道德原动力。加强农业劳动力思想道德教育是中国共产党思想政治教育体系的重要组成部分，也是中国共产党乡村治理的优势所在和基本保障。回顾中国历史，诚如梁漱溟所言，中国农村社会乃是"伦理本位社会"，教化、礼俗、自力构成了维系农村社会秩序的基本支点，"从来中国社会秩序所赖以维持者，不在武力统治而宁在教化；不在国家法律而宁在社会礼俗。质言之，不在他力而宁在自力。贯乎其中者，盖有一种自反的精神，或曰向里用力的人生"[1]。中国乡土社会的本性根植于农业生产的超稳定性特点以及建构其上的农业劳动力对土地的感情，在聚村而居、安土重迁而形成的乡村"熟人社会"里。因此，维系乡村超稳定结构不发生崩塌的根基就是集体道德约束下的自我拘束。费孝通将其称为"有机的团结"，"乡土社会秩序的维持，有许多方面和现代化社会秩序的维持是不相同的……我们可以说这是个'无法'的社会，假如我们把法律限于以国家权力所维持的规则；但是'无法'并不影响社会的秩序，因为乡土社会是'礼治'的社会"[2]。我们党自然十分熟悉中国乡村社会的特征，注重对农业劳动力进行系统化的思想道德教育和改造，使之既符合传统乡村社会特征，又适应农业农村现代化发展要求。本章课题组

---

[1] 梁漱溟. 乡村建设理论 [M]. 上海：上海人民出版社，2011：37.
[2] 费孝通. 乡土中国（修订版）[M]. 上海：上海人民出版社，2013：47.

将通过对6省12个县的实证调研,分析当前农村劳动力思想道德状况,并提出新时代加强和改进农业劳动力思想道德素质培育的路径与方法。

第一节 思想道德素质培育:乡村善治的基础工程

前已述及,传统乡村是一个靠伦理、礼治维系的"熟人"共同体。德国社会学家斐迪南·滕尼斯(Ferdinand Tonnies)将包括乡村社会在内的"共同体"按逻辑关系划分为"血缘共同体—地缘共同体—精神共同体"。他认为:"作为本质的统一体,血缘共同体发展着,并逐渐地分化成地缘共同体;地缘共同体直接地体现为人们共同居住在一起,它又进一步地发展并分化成精神共同体,精神共同体意味着人们朝着一致的方向、在相同的意义上纯粹地相互影响、彼此协调。"[1] 因而,建立在三个基本"共同体"基础上的乡村社会所呈现出的共同生活秩序,必然要通过道德和习俗进行规范。也就是说,乡村社会秩序天然地表现为一种"自然法"而非"国家法"约束下的道德遵守和伦理践行。虽然现代乡村在组织结构上已经与传统乡村社会有了较大差异,行政权力和国家法律已经深深融入乡村生活之中,但传统以"自然法"为基础的自我约束、邻里约束和乡村自治模态并没有彻底改变。在"国家法"无法顾及的乡邻关系调节领域,传统伦理道德必须在场。这就要求,在推进乡村善治过程中,对农业劳动力思想道德培育必须注重"道德"与"法治"的有机结合,形成协同效应。

一、乡村善治的三重解构维度

乡村善治是基于乡村特点而形成的治理理念和治理方式的统称。有

---

[1] [德]斐迪南·滕尼斯. 共同体与社会[M]. 北京:商务印书馆,2019:87.

学者认为，无论是传统乡村还是现代意义上的乡村都具有"韧性"特征，即维系乡村公共生活和行为秩序中展现出来的超稳定抵抗能力。①而这种超稳定抵抗能力是推进乡村善治的基础，即乡村善治并不是完全意义上的自我治理，而是乡村居民的个体或群体之间的融洽与抵抗关系合理化处理。从学理意义上讲，乡村善治包含治理主体（"乡村"）和治理形式、治理价值（"善治"）两个层面，是治理主体"内向力"和"外向力"的统一体。关于乡村善治，我们可以从三重维度进行认识。

第一，治理维度。乡村善治是乡村公共利益最大化的良性治理模式。俞可平教授是较早提出"善治"的学者。他在《治理与善治》一书中从治理角度对"善治"进行了界定，"善治就是使公共利益最大化的社会管理过程，其本质是政府与公民对公共生活的合作管理，是政治国家与公民社会的一种新型关系，是两者的最佳状态"②。这说明善治具有四个层面的内涵：一是善治的目的是使社会公共利益最大化，而不是一部分人不当得利，另一部分人长期受损，其体现的是治理的公平性；二是善治的本质是推进政府与公民对公共生活的合作管理，这里强调的是二元主体治理而不是将治理责任归于特定的单一主体，其体现的是治理的平衡性；三是善治的内容具有多元性和综合性，涉及公共生活的方方面面，是综合性治理的最优方案，其体现的是治理的高效性；四是善治过程的非强制性，通过政府与公民相互妥协达成一致意见来推进治理，而非一方强迫另一方的非自觉性治理行动，其体现的是治理的柔性。根据这四层含义，有学者也将"善治"定义为"善于治理，或者良好的治理之意，其核心都是基于大多数人认同的社会秩序的一种建构

---

① 王杰，曹兹纲. 韧性乡村建设：概念内涵与逻辑进路［J］. 学术交流，2021（01）：140-151.
② 俞可平. 治理与善治［M］. 北京：社会科学文献出版社，2000：8-9.

与实现,即追求以治成善之目的"①。乡村社会不同于城市社会,以同宗同族形成的血缘关系和以邻而居的地缘关系为乡村奠定了良性治理的基础。多数情况下的利益纠纷、矛盾化解都可以通过自我调适或邻里协助来完成,即便出现严重的对抗性冲突亦不必诉诸法律或政府而得到有效解决。正如梁漱溟所言,乡村社会治理"然所求无非彼此感情之融和,他心与我心之相顺。此和与顺,强力求之则势益乖;巧思取之则情益离;凡一切心思力气向外用者,皆非其道"②。

第二,秩序维度。乡村善治是符合乡民共同生活需要的一种良好秩序构建与实践。无论是传统乡村生活还是现代乡村生活都具有五个基本要素:一是共同遵守的乡村规范;二是共同居住的乡土环境;三是共同拥有的情感基础;四是共同追求的价值利益;五是共同维护的乡村秩序和安全。这五个方面既是促成乡民能够共同生活的条件,也是维系乡村不被外部力量侵袭、消融的保障。虽然在这五个方面的共同作用下,乡村具有天然的自我保护性或者说是保守性,但它毕竟使中国乡村成为整体社会最为稳定的社会集团。李培林就曾认为,中国传统社会本质上体现的是乡土社会,因其所具有的稳定性、封闭性、刚性、整合性和二元一体性而区别于西方社会形态。③ 马克思也曾就包括中国在内的东方社会的特征进行过阐述,他认为:"亚洲各国不断瓦解,不断重建和经常改朝换代,与此截然相反,亚洲的社会却没有变化。这种社会的基本经济要素的结构,不为政治领域的风暴所触动。"④ 这里马克思把东方乡村社会稳定性的原因归结为经济结构上具有科学性,也指明了问题的本质。但应看到,毕竟包括中国在内的东方乡村社会还具有经济因素之外

---

① 熊小青. 乡村善治:内涵、演进及特征——对乡村善治逻辑的中国特色刍议 [J]. 安徽农业大学学报(社会科学版),2021,30(03):7-12,67.
② 梁漱溟. 乡村建设理论 [M]. 上海:上海人民出版社,2011:37.
③ 李培林. 中国社会 [M]. 北京:社会科学文献出版社,2011:1-7.
④ 马克思恩格斯文集:第5卷 [M]. 北京:人民出版社,2009:415.

的秩序因素。因此，我们可以这样做出解释，乡村善治并非纯粹意义上的治理，而是一种善性秩序的保护和维系。

第三，伦理维度。乡村善治是通过伦理规范和道德教化使乡村实现自我治理、自我完善的基本途径。乡村社会不同于城市社会的一个特点就是它不是由无数个具有自由意志的个体组成的松散共同体，而是由家庭或家族主导的集体意志所组成的利益共同体和情感共同体，而乡村集体意志得以维系和存续的关键在于伦理规范和道德教化。费孝通认为："乡土社会的信用并不是对契约的重视，而是发生于对一种行为的规矩熟悉到不假思索时的可靠性。"① 所谓"熟悉规矩"就是乡村长期共同生活中形成的需要大家自觉遵守的"软制度"，或者说是千百年来"皇权不下乡""吏治不下乡"背景下形成的以礼教和宗法制度为核心的乡村伦理规制。对于乡村伦理规制可以从两个角度来理解：一是这种规制是调节乡村人际关系、维护乡村共同体的制度。比如，通过乡规民约、公序良俗，将孝老爱亲、扶老携幼、家庭和睦、邻里和谐、互帮互助、奖勤罚懒等对个体或家庭、家族、村舍行为进行道德约束，使乡村人际关系通过道德这种非强制性的调整方式达到自然的平衡。这种"软制度"的有效性在数千年中国传统乡村生活实践中已经得到充分印证。二是这种规划是乡村差序格局治理的有效方式。所谓差序格局是指"乡土社会具体情境下人和人之间的信任关系是以自己为圆心，依次向外围圈层逐渐发生扩散的，亦即当事人同他人之间以血缘、地缘、业缘等为纽带建立起的信任关系有着亲疏远近之分"②。对此费孝通在《乡土中国》中有过较为形象的比喻："我们的格局不是一捆一捆扎清楚的柴，而是好像把一块石头丢在水面上所发生的一圈圈推出去的波纹，每个人都是他社会影响所推出去的圈子的中心，被圈子的波纹所推及的就

---

① 费孝通. 乡土中国（修订版）[M]. 上海：上海人民出版社，2013：10.
② 王岩. 差序治理、政府介入与农地经营权流转合约选择——理论框架与经验证据[J]. 管理学刊，2020，33（05）：12-25.

发生联系，每个人在某一时间某一地点所动用的圈子是不一定相同的。"① 如果说第一个层面的理解是从乡村集体公德角度的话，那么差序格局强调的是乡村私人道德。但无论哪类道德形式都需要"善治"来推进并不断巩固，这就是中国传统乡村社会注重修谱建祠、办教兴学的重要原因。

二、新中国成立以来乡村善治的历史回顾

乡村善治既是一种治理理念，也是一种治理形式，它体现着中国乡村社会的基本特征和乡民对共同体生活的良好愿景。新中国成立以后，人民当家作主的政治地位被确立，基于发展生产力、改变旧中国乡村社会贫困落后面貌，我们党对传统乡村社会进行了有计划、有组织地改造和建设。乡村社会由传统分散的原子型社会结构转向了集体化、组织化社会结构，这种转变彻底改变了千百年来封建统治情境下的乡村社会。其带来的后果有两个方面：一方面组织化的乡村社会，使乡村有限的资源得到整合，极大地推进了农村社会生产力的发展；但另一方面"政社合一"的体制，使国家治权和政府管控不断向乡村下沉，行政手段力图将乡村全部事务纳入管理范围，乡村社会行政化、集体化逐步取代了传统的自我治理。有学者认为，政府权力对乡村经济生活的过度干扰，"尤其是工业化和城市化建设对乡村经济积累的过多汲取，最终使这一善性之治理未能如愿实现"②。站在今天的角度，我们不能将新中国成立初期乡村治理的行政化、集体化归纳为"非善治"，因为我们党通过一系列符合社会主义建设要求的治理方式，破除了中国农村社会传统的治理格局，使以农民为主体的新型农村社会治理格局逐步建立起

---

① 费孝通. 乡土中国（修订版）[M]. 上海：上海人民出版社，2013：25.
② 熊小青. 乡村善治：内涵、演进及特征——对乡村善治逻辑的中国特色刍议[J]. 安徽农业大学学报（社会科学版），2021，30（03）：7-12，67.

来，从而确保了党在农村工作中的领导地位。

改革开放以来，我国现代型乡村治理体系和治理机制得到了快速发展，开启了以"乡政村治""村民自治"为标志的乡村善治新篇章。1979年10月，四川省广汉县（今四川省广汉市）向阳人民公社率先进行"政社分开"试点，为全国"政社分离"起到了示范作用。1983年10月，中央印发《关于实行政社分开建立乡政府的通知》，明确村民委员会是基层群众性自治组织，其主要职能是协助乡人民政府搞好行政工作和生产建设工作；村民委员会应按照村民居住状况设立，委员由村民选举产生。从1983年到1985年的两年多，全国农村的人民公社全部撤销，随之建立的是79306个乡、3144个民族乡、9140个镇，948628个村民委员会和588多万个村民组，至此"乡镇—乡村"治理模式全面取代延续了20多年的"政社合一"的人民公社体制。1986年9月，中央又印发了《关于加强农村基层政权建设工作的通知》进一步明确了乡镇村一级工作的权限和任务，并强调要通过简政放权提升治理水平和效能。到1988年，全国乡镇数量减少到了56002个；1992年则又减少到了48250个。①"乡政村治"是中国共产党的政治创举，它既充分吸取了传统乡村治理的优点，又体现了我们党治国理政的鲜明特色，充分保障了我国基层民主权利的实现。对于这一点，1987年7月，邓小平在会见意大利共产党领导人约蒂和赞盖里时给予了充分肯定："我们真正的变化还是在农村，有些变化出乎我们的预料……把权力下放给基层和人民，这就是最大的民主。"② 值得注意的是，自改革开放以后，我们党对乡村治理已经不再局限于经济层面和政权层面，而是融入了社会生活的方方面面尤其是精神层面，这对后来开展农业劳动力的思想道德素质培育奠定了良好的基础。比如，1984年中央印发的《关于一九八

---

① 陈锡文，等. 中国农村改革40年［M］. 北京：人民出版社，2018：123.
② 中共中央文献研究室. 邓小平思想年谱（一九七五——一九九七）［M］. 北京：中央文献出版社，1998：394.

四年农村工作的通知》就指出,"我们既需要合格的领导者,又需要大量的具有新素质的生产者和经营者。要从今年开始在全国有计划地普训人才。要政治政策教育、科学技术教育、经营管理教育并进",同时明确提出"在农村不提清除精神污染的口号,但不能因此放松农村的思想政治工作。近年来,农村中封建迷信、偷盗赌博、摧残妇女、传播淫秽书刊和不健康的文艺活动等情况也是严重存在的,必须采取有效措施加以解决"。① 因此,从这个角度来看,这一时期的乡村善治的"善"既包含因势利导的善于治理的"善",也包括思想领域推陈出新的善良之"善"。

随着改革开放的深入推进,进入20世纪90年代以后,一方面户籍制度改革极大地促进了农业劳动力的自由流动,另一方面农村整体收益与城市整体收益之间仍存在差距。乡村治理效能的下降和治理运行的异化导致了这一时期乡村社会的不稳定,促使国家不得不从更高的战略层面深度反思农村善治问题。1990年,全国村级组织建设工作会议首次明确了村民自治的基本内容,同时9月民政部下发《关于在全国农村开展村民自治示范活动的通知》,1997年党的十五大又将村民自治的"四个民主",即民主选举、民主决策、民主管理、民主监督,纳入"关于人民民主权利"内容框架。随后,中央又通过出台诸如《村民委员会组织法》(1998)、《关于农业和农村工作若干重大问题的决定》(1998)、《中国共产党农村基层组织工作条例》(1999)、《关于健全和完善村务公开和民主管理制度的意见》等法律法规、制度文件对乡村自治进行规范。自此,村民自治的"四民主、九权利"②治理模式基本形成。

---

① 十二大以来重要文献选编:上[M].北京:中央文献出版社,2011:373-374.
② "四民主、九权利"是指:民主选举、民主决策、民主管理、民主监督;推选权、选举权、直接提名权、投票权、罢免权、知情权、决策权、参与权和监督权。

三、思想道德素质培育是走好中国特色乡村善治之路的必然要求

党的十八大以来,我们党立足广大农民对美好生活的期盼和乡村治理实践,以乡村振兴和实现农业农村现代化为目标,出台了一系列政策制度,走出了一条中国特色的乡村善治之路。习近平总书记指出,"当前,我国城乡利益格局深刻调整,农村社会结构深刻变动,农民思想观念深刻变化。这种前所未有的变化,为农村经济社会发展带来巨大活力,同时也形成了一些突出矛盾和问题",这就要求必须通过"创新乡村治理体系,走乡村善治之路。"① 2017年12月28日,习近平总书记在中央农村工作会议上对乡村善治的内涵进行概括,指出"健全自治、法治、德治相结合的乡村治理体系,是实现乡村善治的有效途径"②。"三治融合"自治是基础、法治是保障、德治则是支撑,三者共同构筑起新时代乡村善治的立体化体系。其中最为稳定长久且治理成本最低的就是德治。但应当看到,德治具有"双主体性",即政府的治理主体和乡民的参与主体都需要提升"德"的水平。当前提升乡民参与主体的"德治"水平,离不开道德涵养和思想素质培育。

2018年9月21日,习近平总书记在十九届中央政治局第八次集体学习时指出:"很多风俗习惯、村规民约等具有深厚的优秀传统文化基因,至今仍然发挥着重要作用。要在实行自治和法治的同时,注重发挥好德治的作用,推动礼仪之邦、优秀传统文化和法治社会建设相辅相成。要继续进行这方面的探索和创新,并不断总结推广。"③ 回顾历史

---

① 中共中央党史和文献研究院. 习近平关于"三农"工作论述摘编 [M]. 北京:中央文献出版社, 2019:129, 135.
② 中共中央党史和文献研究院. 习近平关于"三农"工作论述摘编 [M]. 北京:中央文献出版社, 2019:135.
③ 习近平主持中共中央政治局第八次集体学习并讲话 [EB/OL]. 中华人民共和国中央人民政府官网, 2018-09-22.

就能发现,对于加强农业劳动力思想道德教育的重要性我们党在新中国成立初期就曾明确提出并在随后的实践中不断深化。1983年,中共中央颁布的《关于加强农村思想政治工作的通知》明确:"要大大加强和改进党在农村的思想政治工作,逐步提高农民的政治、思想觉悟,使人人争做有理想、有道德、有文化、守纪律,爱祖国、爱社会主义、爱党、爱集体的社会主义农民。"① 1984年,中央印发的《关于一九八四年农村工作的通知》也明确提出了"要进行爱国主义、社会主义教育,开展'五讲四美三热爱'和文明村、文明企业、五好家庭活动,增强农民对资本主义、封建主义思想侵蚀的抵御能力"②。1986年,十二届六中全会通过了《中共中央关于社会主义精神文明建设指导方针的决议》,明确提出"社会主义精神文明建设的根本任务,是适应社会主义现代化建设需要,培育有理想、有道德、有文化、有纪律的社会主义公民,提高整个中华民族的思想道德素质和科学文化素质"③,并提出包括乡村在内的社会各领域、各阶层要树立和发扬社会主义道德风尚,"建立并发展平等、团结、友爱、互助的社会主义新型关系"④。这个决议与1996年党的十四届六中全会出台的《中共中央关于加强社会主义精神文明建设若干重要问题的决议》一起为新时期乡村思想道德建设和精神文明建设指明了方向。1998年,十五届三中全会出台的《关于农业和农村工作若干重大问题的决定》将"建成富裕民主文明的社会主义新农村"作为重要目标,"文明型新农村"成为乡村建设的新指向。该文件的一大亮点就是明确了农村精神文明建设的根本任务,即"全面提高农民的思想道德素质和科学文化素质,为农村经济社会发展提供强大的精神动力、智力支持和思想保证"。2005年,十六届五中全

---

① 十二大以来重要文献选编:上[M].北京:中央文献出版社,2011:232.
② 十二大以来重要文献选编:上[M].北京:中央文献出版社,2011:374.
③ 十二大以来重要文献选编:下[M].北京:中央文献出版社,2011:123.
④ 十二大以来重要文献选编:下[M].北京:中央文献出版社,2011:127.

会出台《关于推进社会主义新农村建设的若干意见》将"培养推进社会主义新农村建设的新型农民"列出专章进行安排部署。党的十八大以来，我们党更加重视农村的思想道德建设。2018年，中共中央、国务院在印发的《乡村振兴战略规划（2018—2022年）》中，明确提出要"加强农村思想道德建设"，并从践行社会主义核心价值观、巩固农村思想文化阵地、倡导诚信道德规范等方面进行安排部署。2021年7月，中共中央、国务院印发的《关于新时代加强和改进思想政治工作的意见》明确提出要"加强农村精神文明和思想道德建设，开展弘扬时代新风和移风易俗行动，抵制腐朽落后文化侵蚀，培养有理想、有道德、有文化、有纪律的新时代农民"。与此同时，中央还先后制定或修订了《中国共产党农村工作条例》《中国共产党农村基层组织工作条例（修订）》《关于进一步推进移风易俗 建设文明乡风的指导意见》《关于加强和改进乡村治理的指导意见》《关于全面推进乡村振兴 加快农业农村现代化的意见》等政策制度，对加强和改进农村思想道德建设工作均有涉及。

从改革开放以来40多年的实践可以看出，中国特色乡村善治之路是中国共产党领导人民探索出来的一条符合中国国情、民情、乡情的正确道路。这条道路得以形成并不断发展既得益于中国共产党思想政治工作的优良传统，也得益于亿万农业劳动者自觉的思想道德素质提升。

第二节 农业劳动力思想道德素质状况及影响因素分析

马克思在《资本论》第二版的跋中就研究问题的方法选用有过一段精辟的论述："研究必须充分地占有材料，分析它的各种发展形式，探寻这些形式的内在联系。只有这项工作完成以后，现实的运动才能适当地叙述出来。这点一旦做到，材料的生命一旦在观念上反映出来，呈现在我们面前的就好像是一个先验的结构了。"① 这段论述深刻表明了占有材料对开展现实问题研究的极端重要性。这一节，课题组将通过对6个省12个县的乡村田野调查而获取的样本数据，对当前农业劳动力思想道德素质状况以及影响因素进行分析，借以探究中国农村思想道德建设的整体情况。

一、调查样本描述

关于农业劳动思想道德素质状况的调查覆盖河南、山东、河北、湖北、山西、吉林6个省份12个县的24个行政村。其中，中西部地区（河南、河北、湖北、山西）农户200户，中东部（山东、吉林）农户100户。发放调查问卷3200份，收回3200份，有效问卷3130份。

样本农户年龄结构为：35岁及以下的青年劳动力1235人，占比38.6%，36—55岁的中年劳动力1191人，占比37.2%，56岁及以上的中老年劳动力774人，占比24.2%。原生家庭两代同住者占比41.6%，三代同住者占比43.4%，四代及以上同住者占比15%，虽然同住但实际因外出务工或其他原因平时处于离散状态的占比63%。行政村制定有乡规民约、家谱家训的占比55%，未制定有乡规民约、家谱家训的占比45%。样本农户职业主要有传统农民、新型职业农民、个体经营者、乡村教师、乡村医生、外出务工者、乡村两委干部七种类型，其中党团员占比6.5%，一般群众占比93.5%。其中，传统农民主要指依靠传统农业种植获得劳动收益的农民，新型职业农民指以农业为职业、具有相应的专业技能、收入主要来自农业生产经营并达到相当水平的生产经营型、专业技能型和社会服务型现代农业从业者。乡村教师、乡村医生、乡村两委干部均为俗称"两头沉"（一头有公职，一头还要务农）人员。

---

① 马克思恩格斯文集：第5卷 [M]．北京：人民出版社，2009：21-22.

年龄结构

35岁及以下（人）	1235
36—55岁（人）	1191
56岁及以上（人）	774

家庭结构

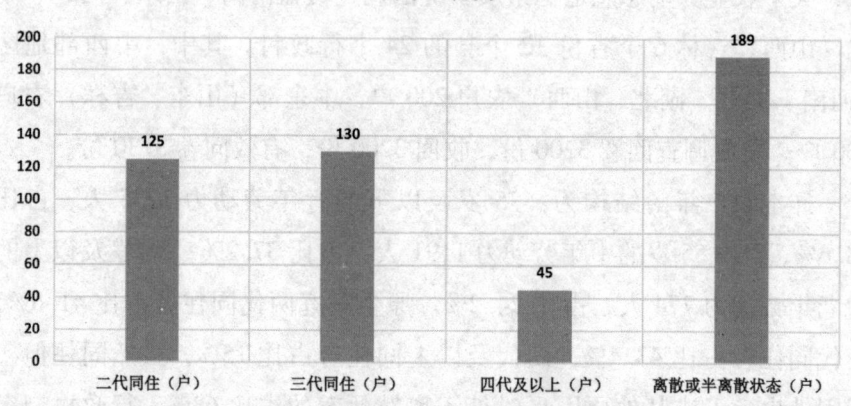

二代同住（户）	125
三代同住（户）	130
四代及以上（户）	45
离散或半离散状态（户）	189

乡规民约建设情况

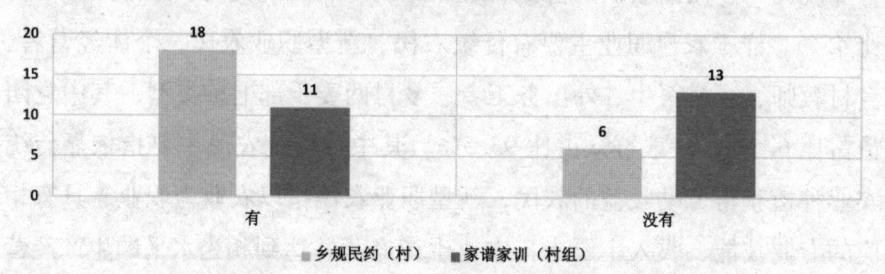

	乡规民约（村）	家谱家训（村组）
有	18	11
没有	6	13

图4-1 样本年龄结构、家庭结构、乡规民约建设情况

调查表基本要素由四个维度的内容构成：农户个体和家庭基本信息；个体和家庭成员信仰状况；个体和家庭成员道德认知与实践情况；个体和家庭成员参与乡风文明建设情况。具体见（表4-1）。

表 4-1 农业劳动力思想道德素质状况调查内容维度表

调查维度	维度指标
基本信息	性别；年龄；民族；从事职业；家庭成员结构；政治面貌；文化程度；婚姻状况；家庭收入与支出状况
信仰状况	是否信教，信仰什么宗教；是否经常参与宗教活动，月均次数；传统节日是否参与祭祀活动；对家庭成员或邻里信教活动或参与祭祀活动所持态度
道德认知与实践情况	对子女教育、老人赡养的态度和实践；对家庭伦理的态度和实践；对邻里关系处理的态度和实践；对本人、家庭成员和邻里婚姻状况的看法；对家庭成员或邻里出现的赌博、喝酒闹事、吵架打架、造谣谩骂等不道德现象的看法；对金钱和金钱获取途径的看法；对乡邻红白事处理方式的看法；对政府开展的道德教育的看法；对乡邻开展的广场舞、休闲健身运动的看法和参与程度；对家庭成员或邻里处理矛盾纠纷时诉诸法律解决的认同情况；对网络、影视、戏曲等传播乡土文化和道德的看法
参与乡风文明建设情况	对乡规民约的认同和实践情况；对家庭或家族共同体认同和实践情况；对乡村共同体认同和实践情况；对文明家庭、文明村镇创建工作认同和参与情况；对修家谱、建祠堂、筑祖坟工作的认同和参与情况；对红白理事会工作的认同和参与情况；对乡村两委干部和党员工作履职的认同与支持情况；乡村治理中的权利运用情况

二、样本农业劳动力思想道德素质状况分析

依据农业劳动力思想道德素质状况调查内容维度表所列信息，运用分析工具从"信仰状况""道德认识和实践情况""参与乡风文明建设

情况"三个维度对调查数据进行量化分析。基于变量情况对三个维度进行权重赋值：设定权重总值为1，"信仰状况"权重为0.3；"道德认知与实践情况"权重为0.4；"参与乡风文明建设情况"权重为0.3。各项具体变化定义如下表4-2所示：

表4-2 农业劳动力思想道德素质状况调查基本变量定义表

变量名称	变量说明	变量名称	变量说明
pop	家庭成员数量	age	年龄区间：35岁以下=0、36—55岁=1、56岁以上=2
edupop	家庭成员初中以上文化程度数量	polcountenance	政治面貌：一般群众=0、中共党员=1、其他党派=2
suppop	家庭抚育子女和赡养老人数量	religious	信教情况：不信教=0、信教=1、非宗教本土信仰=2
proincome	家庭收入与支出比重	morality	参与道德实践情况：不主动参与=0、主动参与=1
area	所属区域：中东部=1、中西部=0	civilization	参与乡风文明建设情况：不主动参与=0、主动参与=1
occupation	家庭成员职业状况：传统农民=0、新型职业农民=1、个体经营者=2、乡村教师=3、乡村医生=4、外出务工者=5、乡村两委干部=6、其他=7	pattern	思想道德教育获取主要渠道：家庭教育=0、家族教育=1、邻里影响=2、网络=3、影视文艺=4、政府引导=5、朋辈影响=6

续表

变量名称	变量说明	变量名称	变量说明
sex	性别：男性=0、女性=1	right	权利使用情况：从未使用=0、偶尔使用=1、经常使用=2

(一) 样本农业劳动力信仰状况分析

去除样本选取误差因素，即在平衡年龄、性别、区域分布差异性的基础上，对样本数据进行分析并得出一些规律性的认识。第一，在信仰类型上，"无明确信仰"和非宗教性质的乡土信仰占比较重，两项相加比重达到85.1%。非宗教性质的乡土信仰主要是指具有自发性的本土神信仰，例如财神、火神、平安神、生育神崇拜等。这种信仰没有固定化的组织进行集体行动，更没有所谓的系统化的教义、程式化的礼仪，参与人员一般为有精神或现实需求的家庭成员个体。甚至在调查中发现，一些地方农村每个家庭的本土神信仰都不一样。这种民间的多元化信仰体系的核心点有两个：生育信仰和生命信仰，而这两种都属于原始信仰。这种信仰不同于宗教，是一种精神现象和心理感受，"人类漫长的思想发展，经历了从万物有灵思想到现代思想的过程。这一过程以缩影的形式表现在我们每一个人的成长过程中"[1]。这说明，现代生产条件下农村信仰结构与传统信仰结构并没有太大变化。第二，针对农村具有宗教信仰的群体而言，本土宗教信仰（如道教、本土化的佛教等）明显少于外来宗教。而外来宗教中基督教信仰人数明显多于天主教、伊斯兰教等。这一方面与基督教在民间的扩张有着极大的关系，在调查中发现，调查样本的24个行政村共有各种教堂6所，甚至一个规模较大的

---

[1] 张荣明. 中国思想与信仰讲演录 [M]. 桂林：广西师范大学出版社，2008：11.

自然村就有两处基督教堂。另一方面与宗教传播方式有关，调查发现家庭成员之间和邻里亲戚影响带动作用明显，多数发生在婆媳、妯娌、亲邻之间的口口传授且以女性为主。第三，在对家庭成员或邻里亲戚信仰行为的态度和对信仰是否具有积极教育作用所持态度调查时，我们发现一个很有意思的现象，即便有2个以上信教人员的家庭，其他家庭成员并不是都持支持的态度，也并不觉得信仰宗教有多少积极的教育意义。问其原因，超过30%的调查对象称信教影响"挣钱"，属于"不务正业"；有20%的调查对象将"捐钱给教会"作为持反对态度的理由。由此看来，农村宗教信仰的基础并不牢固，其实用主义的倾向十分明显，见表4-3。

表4-3 样本农业劳动力信仰状况量化分析表

指标	分项指标	总量（人）	占比（%）
年龄分布	35岁以下	1235	38.6
	36—55岁	1191	37.2
	56岁以上	774	24.2
性别分布	女性	1120	35
	男性	2080	65
信仰类型	外来宗教	421	13.2
	本土宗教	56	1.7
	非宗教乡土信仰	637	19.9
	无明确信仰	2086	65.2
信仰主要来源	家庭影响	258	23.1
	邻里亲戚影响	652	58.5
	宗教组织宣传	101	9.1
	网络传媒	78	7.0
	其他	25	2.3

续表

指标	分项指标	总量（人）	占比（%）
信仰区域分布	中东部省份	335	30.1
	中西部省份	779	69.9
对家庭成员或邻里亲戚信仰行为的态度	支持	1689	52.8
	反对	1454	45.4
	无所谓	57	1.8
对信仰是否具有积极教育作用所持态度	是	1760	55.0
	否	1352	42.3
	不清楚	88	2.7

（二）样本农业劳动力道德认知与实践情况分析

在对3130份有效问卷处理以及实地调研的基础上（见表4-4），我们可以从五个方面对样本农业劳动力道德认知与实践情况进行分析。

第一，对待个人道德的态度和实践。传统乡村社会是一个道德统领的社会模态，生长于斯的农业劳动力必须认同并保持乡村固有的道德才能得以存续。调查发现，95%的样本乡民对本村的道德状况持乐观态度，认同当前的道德维系是十分有效的。比如，对赌博、卖淫嫖娼、小偷小摸等违法犯罪人员碍于情面虽然并不会主动揭发，但在观念上持"看不起"态度。如果这些人员有事（比如婚丧嫁娶、建房搭舍、庄稼收割等）需要乡邻帮助，多数情况下不会支持，即便支持也需要付出代价（比如请吃饭或购买礼物，多给实物而一般不会直接给钱）。而违法犯罪人员在乡村里一般做人比较低调，俗称"抬不起头"，其家庭成员也会因其违法犯罪而在人脉、情感和具体利益上受到损失。比如，调查发现，接近40%的违法犯罪人员家庭子女在择偶、婚配上因受到歧视而无法正常恋爱结婚。这种与个人生活和家庭幸福直接关联的道德约束，对乡村个人道德培育的正向功能影响极大。

第二，对待家庭伦理道德的态度和实践。调查发现，96%的乡民认为文明和谐家庭的创建十分重要，尤其是要认真抚育子女、赡养老人。只有约4%的乡民认为父慈才会子孝，也就是家庭范围内的孝老爱亲是有条件的而不是一种义务关系。32%的乡民承认解决各类家庭纠纷是通过争吵甚至打架来解决的，61%的乡民是通过乡村干部、有名望的乡贤和家庭外的长辈亲属来解决的，仅有7%的乡民通过诉诸法律（调解或庭审）来解决。近些年，随着法律下乡、普法宣传等活动深入开展，虽然乡民的法律意识有所提高，但遇到具体事依然习惯于使用传统手段来解决。这里虽然有时间成本和经济成本的考量，但更重要的是情感成本考量。除非因涉及大额资金而无法通过正常途径解决时（如离婚时的财产分割、赡养老人费用的分摊）才会被动性地使用法律。

第三，对待邻里关系的道德态度和实践。乡村社会是"熟人社会"，邻里关系通常为近亲或同姓同祖的血缘关系，但有时也有例外，比如24个样本村中有3个是3个以上姓氏的自然村。这些村庄的邻里关系一般比较复杂。调查发现，约有70%的乡民认为应该邻里和谐，约25%的乡民认为家族或宗族内部的和谐更为重要，只有5%的乡民认为邻里和谐是虚假的（主要是村内的小众姓氏）。在邻里出现矛盾时，约有90%的乡民认为吵架打架、造谣谩骂等形式不可取。但有意思的是，当问及如果发生矛盾时自己受到了损失将如何处理时，他们又会选择吵架打架和谩骂。这种认知与行动上的背离，说明乡民是以自己利益为出发点的，道德的软约束仅适用于本方获利时。

第四，对待行政权力的道德态度和实践。实地调查时，发现乡民对行政权力认识存在极大差异。主要表现为离自己越远的行政权力就越认同，而对身边的行政权力如村两委、乡镇政府权力的认同度反而较低。但认知态度并不代表着实际行动，当乡民出现矛盾、纠纷时，通常又会寻找乡村干部或乡镇干部来解决。92%的受访乡民承认近三年找过乡村干部或乡镇干部解决矛盾,但同样也有88%的乡民对乡村干部或乡镇干部持"不满意"评价。会出现这种双向背离情况的原因比较复杂,但从道德角度来看,72%的乡民认为是两级干部"欺瞒"乡民(主要是喜欢说空话、假话,拿上级政策压人)。

第五,对待道德教化途径和手段的态度与实践。有82%的受访乡民认为道德教化主要是通过家庭、家族或宗族的长辈规劝,以及重大节日和重要事件(例如祭祀、殡葬、婚礼等)的影响来实现;有11%的乡民(主要是35岁以下的青年人)认为网络视频教化作用较大;有3%的乡民(主要是60岁以上的老年人)认为影视尤其是传统戏曲、文艺活动的教化作用更大;仅有4%的乡民认为政府近年来的文明创建工作以及乡村教育的教化作用更大,这部分乡民主要为乡村精英。

表4-4 样本农业劳动力道德认知与实践情况分析表(基于 Probit 模型估计)

变量	估计系数	标准差	P>|z|
area	-0.466	0.193	0.016**
proincome	-0.219	0.154	0.887
edupop	0.134	0.006	0.025**
occupation	-0.023	0.085	0.117
morality	0.103	0.049	0.638
Occupation0	0.103	0.06	0.087*
Occupation1	-0.300	0.218	0.168
Occupation2	-0.711	0.259	0.006**

续表

变量	估计系数	标准差	P>|z|
Occupation3/4	-0.598	0.292	0.040**
Occupation5	-1.237	0.508	0.015***
Occupation6	-0.300	0.318	0.268
morality	0.037	0.022	0.088*
pattern	-0.551	0.218	0.011**
LR 统计量	59.5	Prob（LR）= 0.01	
拟 R-squared	0.104		
观测值	3130		

注：*、**、***分别表示在10%、5%、1%水平下显著。

（三）样本农业劳动力参与乡风文明建设情况

法国思想家托克维尔在《论美国的民主》一书中认为，对于培育乡村民众的道德方面有两样东西是起关键作用的：一是乡镇精神，二是民情培育。当然我国的乡情是迥然不同于美国乡情的，但有一点是相通的，即要求乡民积极参与乡风文明建设，培育人们对家园故土的担当和热爱。调查发现，样本农业劳动力在参与乡风文明建设的积极性和自觉性还存在一些问题，是需要深入探究的。

第一，对于家庭、家族或宗族共同体的认同和实践情况。92%的受访者强烈认同家庭、家族或宗族共同体，认为共同体在保护个体利益、维护族群共同安全或利益、提高族群在共同生活区域的声誉有着重要作用。仅6%的受访者不认同族群共同体，主要原因是族群共同体比较弱小，在与公共权力或其他族群对抗中团结度和凝聚力不够，不足以保护个体利益。比如，调研时河南省周口市的张村共有四个姓氏族群。由于临近县城在政府征地开发中，李姓作为小姓氏族群在争取利益分配时受到张姓、蔡姓族群的排挤，因而利益受到一定的损失。李姓乡民除了对张姓、蔡姓族群不满外，更对本姓族群的软弱充满愤恨。因而，李姓族群对本族群共同体几乎不认同。

第二，对乡村共同体认同和实践情况。乡村共同体在不同地域有着"强共同体"和"弱共同体"两种表现。"强共同体"一般具有三个特征：一是维护共同利益时的高度一致性；二是有号召力很强的带头人和组织者；三是长期形成的具有强约束力的乡规民约。而"弱共同体"则正好相反。调查的24个村庄中有7个属于"强共同体"，占比为29%，虽然数量较少，但"强共同体"乡村的乡民对本村的认同度非常高。当本村利益受到侵害或声誉受到损毁时，乡民一般都会采取集体行动。在这样的基础上，"强共同体"98%的乡民对修家谱、建祠堂、筑祖坟等事务表示认同并积极参与，极少数不愿参与者在强大的集体道德压迫下一般也会参与进来。

第三，对乡风建设的态度和实践。乡风建设包含多个层面的内容，乡村最常遇到的红白事，因家家都会遇到而参与度较高。调查的24个村庄有5个村庄设有红白理事会，虽然是一个比较松散的组织，但其道德约束力极强。比如，山西省长治市的吴庄村，红白理事会负责红白事项的全程操办。香烟、酒水规格，宴请规模，菜品档次等都由理事会事前确定。当事家庭一般都很配合，进而形成共同遵守的道德规定。有红白理事会的乡村受访，乡民对红白理事会认可度达到了90%多，比乡村两委的认同度高近20%。这说明乡风文明建设，乡民自发的参与较行政权力的"强迫性"参与要有效得多。

表4-5 样本农业劳动力参与乡风文明建设情况分析表（基于 Probit 模型估计）

变量	估计系数	标准差	P>|z|
area	0.791	0.314	0.012**
proincome	0.682	0.243	0.005***
edupop	-0.144	0.081	0.074*
occupation	-0.02	0.011	0.083*
morality	0.301	0.091	0.001***
Occupation0	0.015	0.361	0.966
Occupation1	-0.198	0.294	0.501
Occupation2	-0.251	0.398	0.529
Occupation3/4	-0.305	0.458	0.506
Occupation5	0.457	1.007	0.65
Occupation6	0.133	0.055	0.015***
morality	1.521	0.332	0.044***
pattern	0.081	0.617	0.896
LR 统计量	91.39	prob（LR）	0.004
拟 R-squared	0.286		
观测值	3130		

注：*、**、***分别表示在10%、5%、1%水平下显著。

三、样本农业劳动力思想道德素质的影响因素

农业劳动力思想道德素质受到多重因素影响，我们仅从经济因素、教育因素和社会环境因素三个维度进行解析。

（一）经济因素

思想道德作为观念的上层建筑始终受到经济基础的制约并反作用于经济基础。因此，这里所讲的农业劳动力的思想道德素质影响因素既包括乡民在生产生活过程中发生的经济关系，也包括乡村现实生产力发展水平。调查发现，中东部省份乡村以社会主义核心价值观为内核的现代性思想道德水平普遍高于中西部省份，接近城市的郊区乡村的乡民思想道德水平普遍高于偏远乡村。形成这两个特征的原因大致有三种。第一，中东部省份乡村经济规模较大、发展质量良好，为乡村整体思想道德建设提供了充足的物质准备。例如，山东省潍坊市的冯村是较早发展蔬菜大棚的村庄，该村生产的蔬菜不仅供销全国而且还卖到了日本、韩国等多个国家。该村仅此一项人均收入就达到2.4余万元，加之土地流转、大棚租赁、集体资产收益分红等，使得乡民生活比较富裕。因而对思想道德和乡风文明建设的积极性较高。第二，改革开放以来，中东部省份承接了大量的中西部农村剩余劳动力转移。这些长期生产生活在中东部地区的乡民，一方面将劳动收益汇入中西部，另一方面将中东部良好的乡风也带到了中西部，使中西部有基础有条件接受更多更好的道德教育。第三，郊区农村实质上已经逐步成为"城里人"或"半城里人"，城市的经济往来和社会交往方式无形中传导回乡村，从而使郊区乡村思想道德建设要优于偏远乡村。调查发现的一个案例即可印证这个问题。例如，河南省郑州市郊区的毛砦村工农业总产值年均50亿元以上，人均80万元，是全国第一批郊区建设示范村。而该村青年结婚时的彩礼几乎不超过5万元。

(二) 教育因素

思想道德素质与乡村教育质量和水平有着直接的关系。调查发现，24个样本村的3200名受访对象，受过高中以上文化教育的人员624人，仅占19.5%，除少数乡村精英外，大学本科以上人员在传统农民群体中几乎为零。教育水平较低带来的严重后果十分明显。第一，对生活质量的认知和感受较低，对道德层面的高品质生活缺乏认同。《中国农民状况发展报告2012》显示，"大专及以上教育程度农民对生活表示满意的比率最高，达到68%，文盲的满意度最低，两者相差21.93个百分点；接受过小学、初中、高中教育的农民对目前生活满意的程度居于中间层次，且呈递增趋势"[①]。我们的调查数据与这个结论是基本一致的。第二，对思想道德的系统化认识不够。乡民的传统思想道德教育主要是家庭、家族或宗族传导，以及乡村相关仪式的教化，属于松散式、临时性教育，其非系统性、弱点较为突出。而学校教育则可以通过系统化的教育来弥补或解决这个弱点。第三，对信仰的纠偏和科学信仰的树立不利。调查发现，农村存在的宗教信仰或非宗教性质的本土信仰绝大多数都是建立在对信仰本质不理解或宗教性质不熟悉的基础上的。样本数据中，95%以上具有初中文化水平的乡民没有参加宗教活动或非宗教性质的本土信仰活动。近些年，虽然政府和乡村党组织下大力气整治乡村宗教信仰问题，但如果乡村教育办不好，乡民的文化程度不能得到有效提升，那么这个问题将得不到彻底解决。

(三) 社会环境因素

社会环境和教育一样对乡村思想道德建设具有重要的影响作用。马克思曾在《关于费尔巴哈的提纲》里对环境的影响作用进行过科学的论述："关于环境和教育起改变作用的唯物主义学说忘记了环境是由人

---

① 徐勇，等.中国农民状况发展报告2012（经济卷）[M].北京：北京大学出版社，2013：464.

来改变的，而教育者本人一定是受教育的。……环境的改变和人的活动或自我改变的一致，只能被看作是并合理地理解为革命的实践。"① 从调查情况来看，社会环境影响因素主要有以下几个方面：第一，家庭、家族或宗族环境影响。85%的受访乡民认为家庭、家族或宗族环境对自己的道德养成影响较大，尤其是在孝老爱亲、团结邻里等方面最为明显。这在《中国在梁庄》《宋村的调解：巨变时代的权威与秩序》等纪实性著作中均有描述。我们认为，多数乡民认同家庭、家族或宗族环境，根本原因在于这是其生活生产不可或缺的条件和基础。虽然当前由于农业劳动力转移，农业劳动力人口在村数量远远低于传统农业模式下的农村人口，但其"根"依然扎根在乡土家庭，费孝通称之为"乡土本色"。乡民个体一旦违反了家规族规或因道德问题使家庭、家族、宗族声誉受损，将受到家庭、家族、宗族不同程度的惩罚，这种畏惧感使乡民不会轻易放松道德约束。第二，乡情环境的影响。调查发现，不同地域的乡情对乡民的道德养成至关重要。例如，河南东部、山东西南部地区的乡风乡情比较传统，乡民在各种生产生活活动中多以传统礼俗行事，因而家庭孝道做得比较好，鲜有虐待老人、弃养孩子等情况。有学者认为，这与该区域受传统儒家文化影响有着较大的关系，当然该区域的乡民也常以居于"孔孟之乡"而引以为豪。第三，社会环境的影响。社会环境包括乡村网络环境、乡邻关系环境和乡村法治环境等。当前，调查样本乡村已经全部实现了"四通"（通电、通路、通邮、通网），手机网络和电脑互联网已经十分普及。一些样本村连不识字的老年人都会使用微信和观看抖音，这既为思想道德塑造提供了便利条件，也使乡民更易于接受来自乡村之外的各类信息。乡民们由以前见面问候时的"吃饭没有"转变成了"看抖音没有"，可见网络环境的影响之大。

---

① 马克思恩格斯文集：第1卷[M]．北京：人民出版社，2009：500.

第三节 农业劳动力思想道德素质培育的路径选择

英国社会思想家雷蒙·威廉斯（Raymond Henry Williams）在《乡村与城市》一书中将乡村和居住于此的劳动力的特性概括为"正负向功能"。其中"正向功能"的核心是"纯真的美德"，而"负向功能"的焦点是"愚昧落后且较难改变"。当前，实施乡村振兴战略和推进农业农村现代化建设，首先要解决的就是"人"的问题，即解决农业劳动力思想道德的认知水平和践行能力问题，这就要求必须扩大"正向功能"，抑制和消解"负向功能"。

一、大力发展农村经济

马克思和恩格斯指出："每个历史时代的经济生产以及必然由此产生的社会结构，是该时代政治的和精神的历史的基础。"[①]"'物质生活的生产方式制约着整个社会生活、政治生活和精神生活的过程。'在历史上出现的一切社会关系和国家关系，一切宗教制度和法律制度，一切理论观点，只有理解了每一个与之相应的时代的物质生活条件，并且从这些物质条件中被引申出来的时候，才能理解。"[②] 这说明，思想道德作为"精神生活"的一部分必然也要受到物质生产方式的制约，由特定历史阶段的物质生产方式所支配。农业劳动力的思想道德素质深深根植于农村经济，由农村经济发展方式和发展水平决定的。我们反对单纯的"经济决定论"，但如果离开了发展农村经济，不大幅度地提高农业劳动力的生产生活水平，那么思想道德教育和教化是很难真正实现的。

---

① 马克思恩格斯文集：第2卷 [M]．北京：人民出版社，2009：9.
② 马克思恩格斯文集：第2卷 [M]．北京：人民出版社，2009：597.

在实地调研时发现，凡是乡村集体经济或乡镇产业发展较好的地方，乡民的道德要求一般都比较高。有受访对象讲："现在家里吃穿不愁，有三年吃不完的粮食、有保障家庭生产生活的资金，当然也不在乎多给老人、孩子一点，让他们生活得更好。"虽然我们并不完全认同"仓廪实而知礼节，衣食足而知荣辱"，即经济发展上去道德水平一定提升的必然性论调，但经济基础对思想道德有决定作用这一辩证唯物主义观点必须遵从。从当前农村经济状况来看，有四方面应当大力推进。第一，发展壮大集体经济，提高乡村集体收益率。调查样本村中，有6个村的集体经济发展比较好，其中郑州郊区的毛砦村是最好的一个。该村拥有集体企业16家，年产值在50亿元左右，除去成本后的平均收益为15亿元左右。雄厚的集体财富积累为该村提升乡民思想道德水平奠定了良好的基础。近几年，该村推出乡风文明"三步棋"以引领乡民思想道德建设。第一步在村里建起了集党员活动中心、村民议事中心、便民服务中心、教育培训中心和文化娱乐中心等多功能为一体的党群服务中心，配备了电子阅览室、乒乓球室、棋牌室、舞蹈室，图书室现有各类图书5800余册。第二步修建文化活动广场3个，乡村戏曲大舞台1处，投入活动健身器材36套，为群众"动起来、乐起来、养起来"提供便利。受访乡民讲："现在村里的环境越来越好了，打麻将的人越来越少了，大家的身体越来越健康了。"第三步移风易俗，倡导树立乡村文明新风。成立红白理事会，开展"三最、三好"（最美家庭、最美村民、最美邻里，好媳妇、好婆婆、好孩子）评选，近三年共评选表彰107名"三最、三好"村民，起到了很好的示范带动作用。第二，增加村民财产性收入。2013年11月27日，习近平总书记在山东省农科院同有关方面代表座谈时强调，要"促进农民收入持续较快增长，要综合发力，广辟途径，建立促进农民增收的长效机制"[1]，同时还多次强调要激活农村要素资源，增加农民财产性收入。当前增加农民财产性收入有三个关键点：一是提高农业生产效益；二是加大农业补贴，增强农民的种粮积极性；三是推进农业政策改革，为农民致富创造更多更好的条件。调查发现，24个样本村所有的村都参与了土地流转，共计流转土地5600余亩。流转后的农民有四项收入来源，即土地流转承租费、到流转后土地务工或在村集体企业务工的工资性收入、外出务工的工资性收入、国家给予的各项农业补贴收入。这四项收入对于多数家庭而言能够保证正常生活水平。如前所言，对于一些集体经济较好的乡村，乡民分红比例较高，分红收入甚至远远超过其他四项收入。这就为乡村思想道德建设奠定了坚实的物质基础。第三，开源节流，保证家庭经济供给。农村固有的俭省、节约传统蕴含着良好的道德基因。但调查发现，24个样本村中不同程度地存在着攀比、夸富等不良现象，在婚丧嫁娶、建房买房等家庭重大支出中的盲目性或超出经济承受能力的问题依然十分突出。这些问题不仅增加了家庭自身的经济负担，而且影响了家庭和谐、破坏了乡风文明。

二、全面提升农村教育质量

农村教育质量包含广义教育和狭义教育两个类别。狭义教育仅指农村或仅针对农村人口所进行的基础性教育与专业类教育。广义教育则有三重含义：第一，学校教育，即加大农村基础教育和职业教育；第二，家庭教育，即传承和培育良好的家风；第三，农村社会教育，即推进乡风文明建设，提升农村社会道德教化的"软约束"能力。这里仅就狭义教育做出分析，即如何通过重振乡村学校教育，提升农村思想道德

---

[1] 中共中央党史和文献研究院. 习近平关于"三农"工作论述摘编[M]. 北京：中央文献出版社，2019：141.

水平。

在对样本村庄的调研过程中发现,24个样本村中仅有幼儿园9所、小学5所、中学2所。村级小学在学人数最多的有214名学生,最少的仅有31名学生。一名小学校长在接受访谈时,用比较朴实的话说明了乡村基础教育衰败的原因:"现在农村基础教育十分薄弱。我们这所小学在(20世纪)八九十年代是县里很有名气的学校,十里八村的孩子都来上学,最鼎盛时期有教师70多位、学生500多人。现在教师只有11位,学生也就百十人,就这还时不时地有教师离职、学生转学。不过,相比其他村的小学,我们的规模已经算是比较大的了。造成这种局面的原因比较复杂,第一是教师队伍不稳定且文化程度不高,使得教学质量难以保证,家长们宁愿花钱让孩子到县城去上学,也不愿意在本村就读。第二是农村家庭的攀比从众心理,一家孩子去县城上学就会带动亲戚邻居的孩子都去外面上学,甚至把能将孩子送到县城上学作为富裕的标志。第三是社会原因,现在村里很多年轻人都到外面打工了,接受外面的信息比较多,孩子到了入学年龄有相当一部分随父母去外地上学了。"针对这个校长提出的三个方面的原因,课题组也进行了问卷调查和数据分析。发现,5所小学共有教师75人,其中,大专以上学历41人,占比54%;本科学历3人,占比7.3%;年龄35岁以下的14人,占比18.6%。24个样本村6—6.5岁适学儿童约为800人,有在农村小学就读意向的不足6%,义务教育阶段儿童在乡镇小学就读人数总体不足9%。从这些数据来看,受访小学校长分析的原因是有道理的。

乡村学校教育是农村思想政治教育的主阵地。必须着力加强乡村学校教育,使乡村学校在农村思想政治教育中由"主阵地"转变成"主战场"。2018年出台的《乡村振兴战略规划(2018—2022年)》就乡村教育做出了专项部署,明确提出要"优先发展农村教育事业",并从统筹规划布局农村基础教育学校、继续实施特殊教育提升计划、实施高中阶段教育普及攻坚计划、大力发展面向农村的职业教育、积极发展

"互联网+教育"、落实好乡村教师支持计划等方面进行了规划。2021年，国务院印发的《"十四五"推进农业农村现代化规划》不仅进一步细化了农村教育各项具体任务，如多渠道增加农村普惠性学前教育供给，在县城和中心镇新建改扩建一批普通高中和中等职业学校，加大涉农高校、涉农职业院校、涉农学科专业建设力度，支持县城职业中学等学校根据当地产业发展需要试办社区学院，加快发展面向乡村的网络教育等，而且就一些关键问题提出了"约束性指标"。例如，到2025年乡村义务教育学校专任教师本科以上学历比例要达到62%，年均增速1.6%；农村居民教育文化娱乐消费支出占比要达到11.5%，年均增速2%。这说明，一方面国家已经对乡村教育的衰落现实有了十分清醒的认识，另一方面乡村教育振兴并在振兴中发挥应有的功能还需要付出艰辛的努力。第一，提升农村基础教育质量。农村基础教育关键点在义务教育，除了要统筹增加义务教育学校的数量外，更重要的是提升教育教学质量。着力点有三个：一是进一步扩大农村师范生专项招生规模，定向培育农村教育师资；二是提高农村基础教育师资待遇，让农村教师尤其是年轻教师有盼头、有尊严、有地位；三是加大农村师资的再教育力度，可以通过脱产培训、带薪研学、在职读本科等方式提升师能师技。第二，加大农村优质教育资源供给。农村教育是广延性教育，社会层面各类优质教育资源都应为农村教育所用。这里包含外部"送"与自我"取"两个途径。"送"就是通过政府、企事业单位、社会组织等将优质文化教育资源（如图书、电影、科教片等）以免费或政府购买的形式输送给农村；"取"就是各地农村根据自身发展需求，向政府、企事业单位、社会组织等申请购置或赠送优质文化教育资源。第三，大力推进"互联网+农村教育"规范化、系统化建设。一方面要推进乡村信息化基础设施建设，扩大光纤、5G覆盖范围，使尚未实现"通网"的乡村尽快通网，已经通网的乡村尽量降低资费；另一方面增加数字教育资源公共服务供给，制作大量适合农村教育、适应农村受众水平的数字教育资源，使他们看得懂、学得来、用得上。在学习知识和农业技能中，不断增强知农、爱农的主体意识和思想自觉。

三、加强乡风文明建设

乡风文明建设既是乡村振兴的总目标之一，也是乡村振兴的重要推动力量。第七次全国人口普查显示，乡村人口占比为36.1%、人户分离人口占比约为30%、文盲发生率接近2%，以中华优秀传统文化赓续为核心的乡村文化振兴任务十分繁重。近年来由于城镇化进程加速和乡村形态急剧变迁，传统型乡村文化模态、家风传承、民风塑造不可避免地受到现代性挑战，乡风文明传承出现了严重的衰微趋势，衍生了一系列乡村治理风险，成为推进农业劳动力思想政治教育的重大羁绊。

从理论上看，乡风文明传承衰微化是一个客观存在，其表现主要有三方面：一是民风淳朴，即仁孝、诚信、友善、互助等乡村传统美德践行衰微化；二是规约失效，即村规民约约束效力降低；三是家风衰落，即优良家规家训代际传递衰微化。原因主要有外部影响因素和内部影响因素两类，主要表现在传承基础聚变，城乡经济结构加速转型，乡村利益联结机制聚变引发的农民"集体性"弱化；核心传承主体退场，传统家庭结构式微，人户分离人口剧增导致家庭严重离散化；传承语境弥散，主要指从"散村"到"集村"再到"社区化""城镇化"引发的乡村形态变迁；传承内容"解弛"，核心是乡村本土文化传承的现代性转化难题；传承规约失灵，优秀乡土文化和村规民约等"自然制度"的惩戒、约束机能失灵。

党的十八大以来，习近平总书记就加强乡风文明建设做出了一系列重要指示、批示，中央和相关部委也就乡风文明建设出台了一系列重要文件制度，这既为新时代农村精神文明建设指明了方向，更为农业劳动力思想道德建设提供了遵循。2019年10月29日，中央农办副主任、农业农村部副部长韩俊和中央文明办有关负责人在介绍《关于进一步推进移风易俗建设文明乡风的指导意见》时就指出，"乡村振兴不振兴，要看乡风好不好。近年来，各地在革除农村陋习，树文明新风方面，做了一些工作，取得了明显成效。但是，天价彩礼'娶不起'、豪华丧葬'死不起'、名目繁多的人情礼金'还不起'以及孝道式微、农村老人'老无所养'等问题还存在。这些农村社会不良风气的蔓延，成为广大农民群众巨大的家庭负担，实际上它也扭曲了社会的价值观。广大干部群众热切盼望出台相关的措施，来抵制歪风、弘扬正气"[1]。"乡村振兴是全面的振兴，乡村是不是振兴，要看乡风好不好。我们加强和改进乡村治理，必须旗帜鲜明反对天价彩礼，要旗帜鲜明反对铺张浪费，要旗帜鲜明反对婚丧大操大办，旗帜鲜明反对有悖家庭伦理和社会公德的现象。"[2] 这说明乡风文明建设不仅是涉及农业劳动力思想道德建设的问题，也是关乎乡村振兴的一个重大问题。就如何建设乡风文明，中央《关于进一步推进移风易俗建设文明乡风的指导意见》从4方面提出了15条具体措施，并明确总目标是："通过3到5年的努力，文明乡风管理机制和工作制度基本健全，农村陈规陋习蔓延势头得到有效遏制，婚事新办、丧事简办、孝亲敬老等社会风尚更加浓厚，农民人情支出负担明显减轻，乡村社会文明程度进一步提高。"[3]

根据中央文件和实际调研情况，我们认为加强乡风文明建设，并以乡风文明促进农业劳动力思想道德素质提升重点要做好三个方面的工作。第一，发挥乡规民约的约束作用。一方面乡镇政府和村两委应发挥引导作用，对没有制定乡规民约的行政村引导其尽快制定，对已经制定

---

[1] 国新办就《关于进一步推进移风易俗建设文明乡风的指导意见》答记者问 [EB/OL]. 中华人民共和国国务院新闻办公室官网，2019-10-30.
[2] 朱婷. 乡村是不是振兴 要看乡风好不好 [EB/OL]. 人民政协网，2019-06-24.
[3] 中央农村工作领导小组办公室等11部门. 关于进一步推进移风易俗建设文明乡风的指导意见 [EB/OL]. 中国文明网，2019-12-19.

但没有村庄特色或不符合现实需要的要尽快进行修订,并将婚事新办、丧事简办、孝亲敬老等移风易俗内容充实进去。县乡两级党委政府要出台地方指导制度,对红白理事会、村民议事会、道德评议会等村民自治组织进行培育,既让它们发挥作用又使它们符合法律规定。另一方面支持、鼓励乡村居民在尊重法律法规的基础上,进行家谱族谱和家规家训的修订工作,强化家族家庭内部对所属成员的道德约束。第二,开展先进模范和典型代表的培育表彰工作。农村是个"熟人社会",典型、模范的示范带动作用较"陌生人社会"更为有效。我们在样本村调查发现,村民的道德风尚呈现"聚团效应",说明乡村道德建设的相互影响功能十分强大,"一家孝百家仿、百家和一村荣"的现象较为突出。各样本村的具体做法虽然不尽相同,但三个典型做法值得推广。一是建设"文明超市",即村民参与乡风文明可以积分,积分点可以在乡镇和村级"文明超市"内换取对应的商品,或得到相应商品的减价供应。二是开展"三最、三好"(最美家庭、最美村民、最美邻里,好婆婆、好媳妇、好孩子)评选表彰,以好典型带动文明乡风建设。三是文明村庄评选。县乡级精神文明建设办公室应将文明村庄评选纳入文明单位创建之中,并将这与县乡对村庄建设发展的财政支持挂钩,以激发村庄居民的集体荣誉感。第三,增加优质影视文化的供给。20世纪八九十年代,广播电影电视曾在乡风文明建设中发挥了极为重要的作用,以《喜盈门》《咱们的牛百岁》《光荣的愤怒》《哑姑》《山道弯弯》等为代表的优秀农村题材影视作品影响和教育了几代人。当前,应结合新时代农村建设的特点,创作一批符合农村接受心理、具有道德教化意义的影视动漫作品。同时发挥结对帮扶作用,鼓励高校相关专业师生到农村开展道德宣讲、绘制文化墙、举办文艺演出等,多方位帮助农村开展文明乡风建设。

第五章

农业劳动力科技文化素质培育

现代农业与传统农业的最大区别就在于科技对农业贡献率的占比多少。美国学者舒尔茨在《改造传统农业》中认为,"现代农业高生产率的主要源泉是再生产性的源泉。这些源泉由特殊物质投入品和成功地使用这些投入品所要求的技能和其他能力所组成"[①]。而他所谓的"再生产性源泉"由两部分构成,即"现代物质投入品"和"具有现代技能的农民"。虽然他未能就"现代物质投入品"做更为详细的阐述,但可以从其论述中清晰地看出"现代物质投入品"是包括诸如杂交技术、基因技术、农业机械制造技术等在内的现代农业科学技术和现代农业生产资料的总和。当前世界各国越来越重视对农业科技发展的投入,并将农业科技贡献率作为衡量农业农村发展程度的核心指标。改革开放以来,我国农业得到迅猛发展,科技对农业的贡献率已由20世纪80年代的20%提升到"十三五"末的60%。事实表明,现代农业科学技术的发展与运用需要具有现代科技文化素质的农业劳动力来实现。正如1985年邓小平在全国科技工作会议上所言:"我很高兴,现在连山沟里的农民都知道科学技术是生产力。"[②] 知道并不代表着掌握,更不代表着运用。现代农业劳动力必须充分认识现代农业发展的规律和趋势,努力提升现代科技文化素质,以适应农业农村现代化发展要求。本章将通过对农业大省——河南省下辖的5个地级市5个县(区)的实证调研,

---

① [美]西奥多·W.舒尔茨.改造传统农业[M].北京:商务印书馆,1987:126.
② 邓小平文选:第2卷[M].北京:人民出版社,1993:107.

来研究农业劳动力科技文化素质培育问题。

第一节 科技赋农的争议与我国的政策指向

任何一项科学技术的发展都伴随着争议。恩格斯在《自然辩证法》中指出:"自然研究当时也在普遍的革命中发展着,而且它本身就是彻底革命的,因为它必须为争取自己的生存权利而斗争。"① 同时,他还指出科学技术的发展并不是自为的而是受生产条件的制约并服务服从于社会生产的,"科学的产生和发展一开始就是由生产决定的"②。这说明客观评判一种科学技术的价值不能只从伦理关系角度来看待,而应从是否有利于生产的角度来解释。科学技术赋能农业,使农业生产力得到了极大的提升,但同时也带来了一系列意想不到的严重后果。因此,在对农业劳动力科技文化素质培育开展研究之前,首先应从理论上阐明农业科技的价值以及我国农业科技的政策指向。

一、农业科技的实践价值争议

对于科技对农业以及农业劳动力的影响,学界存在两种截然相反的观点。

第一种观点充分肯定科技对农业的贡献,认为传统农业之所以落后就是因为农业科技不发展,现代农业技术的进步使其取代传统农业成为必然。19世纪中叶,化学科学的发展,使人工合成化学肥料成为农业向现代转型的一项重要发明。1828年,德国化学家维勒(F. Wöhier)在世界上首次用人工方法合成了尿素。1838年,英国的劳斯

---

① 马克思恩格斯文集:第9卷[M].北京:人民出版社,2009:410.
② 马克思恩格斯文集:第9卷[M].北京:人民出版社,2009:427.

(L. B. Ross) 用硫酸处理磷矿石制成磷肥，成为世界上第一种化学肥料，随后他又于1850年前后发明了最早的氮肥。1840年，德国化学家李比希（J. von Liebig）出版了《化学在农业及生理学上的应用》一书，创立了植物矿物质营养学说和归还学说。1909年，德国化学家哈伯（F. Haber）、博施（C. Bosch）创立了"哈伯—博施"氨合成法，解决了氮肥大规模生产的技术问题。自20世纪50年代以后，化学肥料开始在农业中得到普遍应用，使在各类农作物增产比例逐步提升到30%左右。与此同时，农业杂交技术、转基因技术、农药技术、育种技术、农机技术、土地改良技术等发展迅猛，极大地提升了农业生产效率和农作物的产出率。例如，美国在20世纪50年代就基本实现了农业现代化，役畜动力占农田总动力的比重由20世纪初的75%下降到7%，农业劳动生产率比19世纪提高了10倍多。据统计，到1988年前后，每个农业劳动力利用现代农业技术平均负担耕地0.6平方千米，平均可养活80人左右。[①] 农业技术的大发展不仅体现在农业本身，更是为人类解决因粮食缺乏而引起的饥荒与贫困做出了巨大贡献。持这种观点的学者主要是从全球耕地面积、粮食总产量与人均粮食占有总量的比例来考量的。庞大的、无限增长的粮食需求与有限的可耕地以及缓慢的粮食生产增长，势必对人类生存造成严重的威胁。在较短时间内，如何使有限的土地生产出更多的粮食？办法似乎只有一个，那就是依靠农业科技。陈宝森通过对美国（从罗斯福到里根执政时期）40余年农业发展状况进行考察后发现，美国农业劳动生产率之所以增长迅速，首要原因是"农业科学技术革命在农业中生了根，科学技术转化为生产力"[②]。他认为

---

① 蒋和平，宋莉莉. 美国建设现代农业模式的借鉴及启示 [A]. 中国农业技术经济研究会. 建设我国现代化农业的技术经济问题研究——中国农业技术经济研究会2007年学术研讨会论文集 [C]. 北京：中国农业出版社，2007：7-18.
② 陈宝森. 美国经济与政府政策：从罗斯福到里根 [M]. 北京：社会科学文献出版社，2014：222.

主要体现在三个方面：第一，农业机械的发明与运用。第二，化学在农业上的广泛应用，各种各样的化学肥料从氮肥、磷肥、钾肥到混合肥料，各种各样的农药、除草剂，不仅提高了农业产量，而且加强了农业抗各种病虫害的能力。第三，种子改良技术的突飞猛进。由于杂交品种的应用，美国玉米产量由1937年的每公顷700—1000升，增长到1972年的每公顷3400升，其中艾奥瓦州最高产量为每公顷7000升。[1] 同时，学界在对日本、荷兰、德国、英国、巴西、加拿大、以色列等国家农业的考察中也得出了相同或相似的结论。

表5-1 世界农作物供需变化情况（2019—2022年）[2]

指标	食物种类	2019—2020年	2020—2021年	2021—2022年	2022年预测增长比（%）
产量（百万吨）	谷物	2684	2769	2821	1.89
	小麦	761	775	786	1.42
	大米	503	514	519	0.99
	粗粮	1447	1480	1516	2.46
贸易量（百万吨）	谷物	424	433	435	0.46
	小麦	184	186	187	0.54
	大米	45	48	48	−0.21
	粗粮	210	234	234	0.17
消费量（百万吨）	谷物	2686	2778	2826	1.71
	小麦	750	760	779	2.51
	大米	503	513	519	1.42
	粗粮	1459	1506	1527	1.39

---

[1] 陈宝森.美国经济与政府政策：从罗斯福到里根［M］.北京：社会科学文献出版社，2014：222.
[2] 数据根据世界粮农组织公布数据、产业信息网等收集整理。

续表

指标	食物种类	2019—2020年	2020—2021年	2021—2022年	2022年预测增长比（%）
期末库存量（百万吨）	谷物	883	841	809	-3.82
	小麦	278	291	299	2.65
	大米	183	184	185	0.38
	粗粮	362	334	328	-1.71
全球年人均食物消耗量（公斤）	谷物	149	150	150	0.13
	小麦	67	67	67	0.15
	大米	54	54	54	0.18
	粗粮	28	29	29	-0.35
世界库存消费比（%）	谷物	33	33	34	0.21
	小麦	37	37	38	0.13
	大米	36	35	35	0.28
	粗粮	24	22	22	0.84
主要出口国库存量消耗比（%）	谷物	19	20	20	0.06
	小麦	15	17	17	0.66
	大米	25	25	26	0.8
	粗粮	15	11	12	-0.34

另一种观点则认为，现代农业在带来粮食丰产的同时，也引发了五个严重的后果，即农产品质量的下降、土地肥力和再生产能力的下降、自然环境的破坏和生态安全危险、农业劳动力非农化转移、农业技术先进国家对欠发达国的"农业技术性掠夺与剥削"。温铁军在《从农业1.0到农业4.0——生态转型与农业可持续》一书中列举了诸多现代农业技术的弊端，用大量数据证明单纯依靠科技促进农业发展是不可持续的，"大量现代农业要素的急剧投入、追求资本收益和规模化农业不可

避免地带来农业面源污染和食品质量安全的双重负外部性问题"[1]。据联合国粮农组织统计，95%的食物直接或间接在土壤中生产，也就是说只有土壤健康，食物才能安全。然而现代农业过度依赖农业科技使得土壤污染日益严重。例如，美国艾奥瓦州从1958年到1983年的25年间，地下水中的硝酸盐浓度增加了3倍。到2001年年底，美国的土壤侵蚀面积达到了27.92万平方千米，占现有耕地面积的20%。[2] 近年来，我国土壤退化问题也日益引起各方关注。据生态环境部和自然资源部公布的调查公报，全国土壤环境状况总体不容乐观，部分地区土壤污染较重，耕地土壤点位超标率为19.4%，主要污染物为镉、镍、铜、砷、汞、铅、农药和多环芳烃。同时，农业的土地面源污染已经超过工业。农业科技对传统农业进行颠覆性改造的过程中引发的一系列"后遗症"，已经成为必须要面对和解决的重大问题。何俊威通过大数据建立起农业污染经济损失评估模型，并对农业污染进行综合损失值运算，得出了中国农业污染程度较为严重，损失风险水平呈现较高态势的结论，见表5-2。[3]

表5-2 中国农业污染经济损失发生率[4]

损失风险水平	累积概率/%	几年一遇/年
0.50	100.000	1.00
1.00	98.916	1.01

---

[1] 温铁军，等. 从农业1.0到农业4.0——生态转型与农业可持续 [M]. 北京：东方出版社，2021：88.

[2] 郎秀云. 现代农业：美国模式与中国道路 [J]. 中国乡村发现，2008（02）：143-148.

[3] 何俊威. 基于大数据的农业污染经济损失评估模型设计研究 [J]. 环境科学与管理，2020，45（04）：72-76.

[4] 何俊威. 基于大数据的农业污染经济损失评估模型设计研究 [J]. 环境科学与管理，2020，45（04）：72-76.

续表

损失风险水平	累积概率/%	几年一遇/年
0.50	89.987	1.11
2.00	70.381	1.42
2.50	53.123	1.88
3.00	38.987	5.57
3.50	24.602	4.06
4.00	12.125	8.24
4.50	6.563	15.23
5.00	4.512	22.18
5.50	2.435	41.06
6.00	0.523	190.76

从以上争议可以看出，第一，两类观点虽然表现出了明显的冲突性，但其出发点都是如何更好地推进农业发展。在这个问题上，两派观点的价值主旨是一致的。第二，两类观点的矛盾焦点在于要不要大力发展农业科技，以及农业科技的适用度或平衡适用值是多少。也就是说，农业科技在多大程度和范围内施用才是合理的。第三，在农业科技发展进程不可逆转的情况下，尤其是随着智慧农业、绿色农业、健康农业、有机农业、可持续农业等理论的兴起，未来农业发展的方向是向传统农业的复归还是继续向现代农业迈进。这些问题既是重大的理论问题，也

是重大的实践问题。

二、我国农业科技的政策指向

温铁军教授认为中国的农业农村有着鲜明的中国特色，中国农业所具有的"三生"（生产、生活、生态）属性与中国农村所具有的"三共"（共存、共生、共享）特征，决定了中国不可能走"盎格鲁—撒克逊"农业发展模式。这个论断是基本符合我国农业政策指向的。关于这个问题，其实早在1982年12月，中央出台的《当前农村经济政策的若干问题》中已经给出了明确回答，即"按照我国的国情，逐步实现农业的经济结构改革、体制改革和技术改革，走出一条具有中国特色的社会主义的农业发展道路"[1]。那么什么是中国特色农业发展道路尤其是技术改革道路呢？文件也给予了解答，即"我国农业的技术改造应有自己的特色。一方面必须注意发扬传统农业所具有的精耕细作、节能低耗、维持生态平衡等优点；另一方面，要在农村生产和建设的各个方面吸收现代技术和先进管理方法"[2]。应该说，改革开放以来的40余年间，我国农业科技政策基本是沿袭以上两条方针的。

1975年9月，邓小平在听取《关于科技工作的几个问题》汇报时，明确提出"科学技术是生产力"的著名论断。1977年5月和8月，他又分别就科研和教育问题进行了阐述，明确提出"无论是从事科研工作的，还是从事教育工作的，都是劳动者"[3]。同年9月18日，中共中央发出通知决定成立国家科学技术委员会。1978年3月，邓小平又组织召开了全国科学大会并发表重要讲话，深刻指出："四个现代化，关键是科学技术的现代化。没有现代科学技术，就不可能建设现代农业、

---

[1] 十二大以来重要文献选编：上［M］.北京：中央文献出版社，2011：217.
[2] 十二大以来重要文献选编：上［M］.北京：中央文献出版社，2011：224-225.
[3] 中共中央文献研究室.邓小平思想年谱（一九七五——一九九七）［M］.北京：中央文献出版社，1998：33.

现代工业、现代国防。没有科学技术的高速度发展，也就不可能有国民经济的高速度发展。"① 同时，还就包括农业领域如何开展科学研究进行安排部署。这些论断和举措实际上为改革开放以后，我们党全面推进各领域科技进步奠定了基础。

党的十一届三中全会以后，我们党在推进改革开放的伟大进程中着力推进农业科学技术发展，以科技赋能农业不断提升农业现代化水平。党的十二大报告指出，农业是我国国民经济的基础，但面临着劳动生产率和商品率低、抵御自然灾害能力弱、人多地少的矛盾仍然突出等问题，必须"加强农业基本建设，改善农业生产条件，实行科学种田"。根据党的十二大的部署，同年11月，五届全国人大第五次会议通过"六五计划"，明确提出依靠农业科技使农业总产值由1980年的2187亿元增加到"六五"末的2660亿元，总增幅为21.6%；12月又出台《当前农村经济政策的若干问题》，提出了"进行农业技术改造，建立与健全农业科学技术研究推广体系和培养农村建设人才的教育体系"等一系列政策举措。1983年、1985年中共中央分别印发《当前农村经济政策的若干问题》和《关于进一步活跃农村经济的十项政策》，继续强调科技兴农。截至1987年党的十三大召开时，我国农业生产总值达到了4447亿元，粮食总产量40241万吨，农业机械总动力达2472亿瓦特、大中型拖拉机88万台，农村社会总产值9041亿元，农业人口非农化转移8000余万人。面对农业农村的良好发展态势，党的十三大提出要"加强农业科学技术研究，积极运用科技成果，努力培育和推广优良品种"②。1989年，国务院印发《关于依靠科技进步振兴农业加强农业科技成果推广工作的决定》，这个文件不仅再次明确了科技在农业发展中的地位和作用，即"只有紧紧依靠科技进步，才能实现农业技术改造

---

① 邓小平文选：第2卷[M].北京：人民出版社，1993：86.
② 十三大以来重要文献选编：上[M].北京：中央文献出版社，2011：20.

的深刻变革，我国农业现代化才有希望"，而且还对农业科技发展提出了七条具体的措施。党的十四大以来，我国农业科技发展逐步迈上了规范化、科学化、系统化的道路，标志性的文件政策主要有：1993年中央出台的《九十年代中国农业发展纲要》《关于当前农业和农村经济发展的若干政策措施》、1996年的《关于"九五"时期和今年农村工作的主要任务和政策措施》、1998年的《关于农业和农村工作若干重大问题的决定》、2001年的《农业科技发展纲要（2001—2010年）》、2007年的《关于积极发展现代农业扎实推进社会主义新农村建设的若干意见》等。

党的十八大以来，我们党更加重视农业科技发展。习近平总书记就加强农业科技进步发表一系列重要讲话，多次强调要"以科技为支撑走内涵式现代农业发展道路"[①]，明确提出"要舍得下气力、增投入，要创新机制、激发活力，着重解决好科研和生产'两张皮'问题，真正让农业插上科技的翅膀"[②]。加强农业科技发展必须提高农业劳动力的科技文化素质。近年来，中央围绕新型职业农民培育、高素质农民培育等出台了一系列重大政策，特别强调农民科技文化素质提升是培育现代新型农民的关键。2012年中央一号文件《关于加快推进农业科技创新 持续增强农产品供给保障能力的若干意见》首次提出"以提高科技素质、职业技能、经营能力为核心，大规模开展农村实用人才培训"的目标要求。在随后的十年间中央和相关部委又先后出台了《关于加快发展现代农业 进一步增强农村发展活力的若干意见》《关于全面深化农村改革加快推进农业现代化的若干意见》《关于加大改革创新力度加快农业现代化建设的若干意见》《关于落实发展新理念加快农业现代化

[①] 中共中央党史和文献研究院. 习近平关于"三农"工作论述摘编[M]. 北京：中央文献出版社，2019：93.

[②] 中共中央党史和文献研究院. 习近平关于"三农"工作论述摘编[M]. 北京：中央文献出版社，2019：75-76.

实现全面小康目标的若干意见》《"十三五"全国新型职业农民培育发展规划》《乡村振兴战略规划（2018—2022年）》《关于加快推进乡村人才振兴的意见》《"十四五"农业农村人才队伍建设发展规划》等文件，均对农业劳动力科技文化素质培育做出了安排部署。经过多年来的发展，我国农业科技和农业劳动力素质得到了极大的提升，为农业发展做出了巨大贡献。根据农业农村部2022年7月份统计数据，全国农业科技进步贡献率超过61%，作物良种覆盖率超过96%，自主选育品种占95%，粮食单产提高对总产增加的贡献率超过66%，主要农作物耕种收综合机械化率超过72%，农业科技已成为引领农业农村现代化的强劲引擎。10年间，我国农业科技水平已从世界第二方阵迈入第一方阵，处于发展中国家领先地位。[①]

第二节 当前农业劳动力科技文化素质状况及问题

河南省地处中原，是农业大省，在维护国家粮食安全、保障"国民厨房"中发挥着极为重要的作用。党的十八大以来，习近平总书记先后四次视察河南，同时多次参加全国两会河南代表团审议，就河南农业农村事业发展做出了一系列重要指示、批示。2019年3月8日，习近平总书记参加十三届全国人大二次会议河南代表团审议时，提出要发挥好粮食生产这个优势，立足打造全国重要的粮食生产核心区，推动藏粮于地、藏粮于技，稳步提升粮食产能，在确保国家粮食安全方面有新担当、新作为。推进河南农业高质量发展需要解决的关键问题是提升农业劳动力素质。本节将以河南省下辖的5个地级市5个县（区）作为实证调研样本，以探究我国当前农业劳动科技文化素质对农业农村现代化建

[①] 乔金亮. 农民挑上了"金扁担"[N]. 经济日报，2022-07-22（06）.

设的影响程度。

一、样本描述

河南省位于黄河中下游地区，因大部分区域在黄河以南而得名。《尚书·禹贡》将天下分为"九州"，豫州位居九州之中，现今河南大部分地区属九州中的豫州，故有"中原""中州"之称。该省位于中国地势第二阶梯和第三阶梯过渡地带，北西南三面为山地环抱，中东部则为辽阔的黄、淮、海大平原。因其跨两个地理带，属于大陆性季风气候，近10年平均气温为12.9℃—16.5℃，年平均降水量为464.2—1193.2毫米，年平均日照时数为1505.9—2230.7小时，年平均无霜期为208.7—290.2天，故热量丰富、雨量适中，十分适合作物生长，自古以来就是全国粮食的主要产区。全省耕地面积12229万亩，其中水浇地占耕地的67.7%，主要粮食作物有小麦、玉米、大豆、稻米、花生等。2021年粮食总产量连续五年超过1300亿斤，并首次跨越1350亿斤台阶，达1365.16亿斤，增长1.9%（见图5-1）。2021年第一产业增加值5620.82亿元，比2020年增长6.4%，三大产业结构为9.5：41.3：49.1（见图5-2）。《2021年河南省国民经济和社会发展统计公报》显示，2021年全省粮食种植面积10772.31千公顷，比上年增加33.52千公顷，其中小麦种植面积5690.69千公顷，增加17.02千公顷；玉米种植面积3853.33千公顷，增加34.32千公顷。油料种植面积1604.37千公顷，增加6.83千公顷，其中花生种植面积1292.93千公顷，增加31.09千公顷。蔬菜种植面积1758.07千公顷，增加4.29千公顷。高效的土地产出，使河南享有"中原粮仓"的美誉。换言之，河南省仅用全国不到1.8%的土地养活了全国近7.6%的人口。

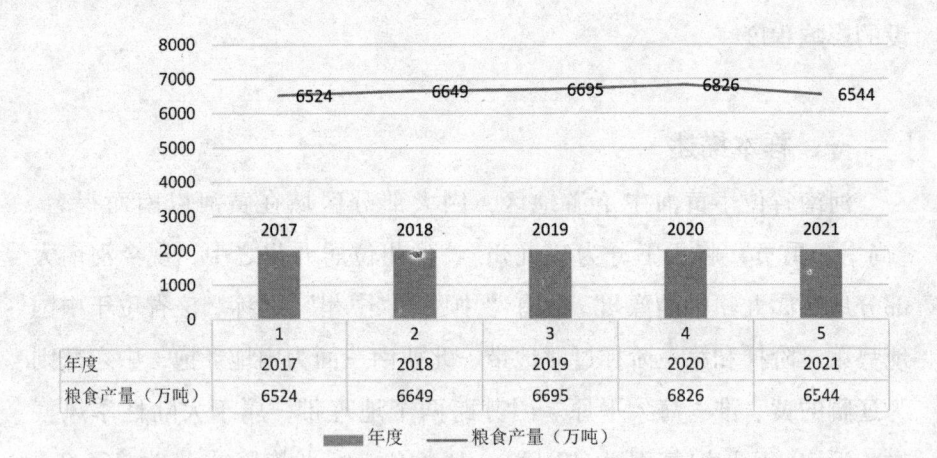

年度	2017	2018	2019	2020	2021
粮食产量（万吨）	6524	6649	6695	6826	6544

图 5-1　河南粮食产量增长变化（万吨）①

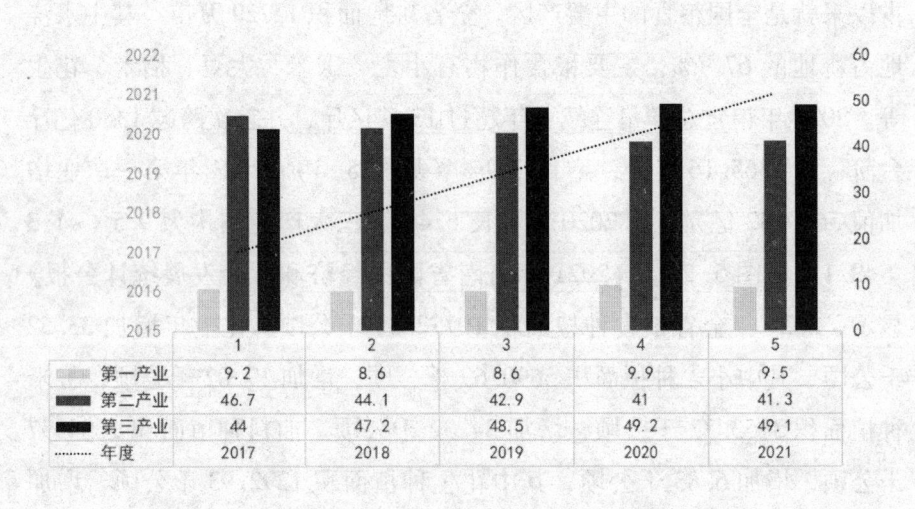

	1	2	3	4	5
第一产业	9.2	8.6	8.6	9.9	9.5
第二产业	46.7	44.1	42.9	41	41.3
第三产业	44	47.2	48.5	49.2	49.1
年度	2017	2018	2019	2020	2021

图 5-2　河南三大产业增加值占全省生产总值的比重（%）②

---

① 数据来源：2021 年河南省国民经济和社会发展统计公报［EB/OL］. 河南省人民政府网，2022-03-14.
② 数据来源：2021 年河南省国民经济和社会发展统计公报［EB/OL］. 河南省人民政府网，2022-03-14.

河南省下辖17个地级市、1个省直辖县级行政单位济源市、21个县级市、83个县、53个市辖区、1791个乡镇、662个街道办事处。根据研究需要，课题组按地理方位选取5个地级市的5个县（区）作为考察样本，分别是东部区域商丘市的夏邑县，南部区域信阳市的光山县，西部区域洛阳市的洛宁县，北部区域安阳市的林州市，中部区域开封市的兰考县（见表5-3）。5个样本县域的农业生产特点各有不同，以此作为样本进行对比分析，能够得出较为客观全面的结论。夏邑县位于豫、鲁、苏、皖四省结合部，素有"中国西瓜之乡"和"蘑菇之乡"，盛产小麦、玉米、大豆、果蔬等，是全国商品粮基地县、全国优质果品基地县和全国平原绿化达标县，连续多年粮食总产量在10亿公斤以上，食用菌年产量12万吨。兰考县是河南省直管县，位于九曲黄河最后一道弯，总面积1116平方千米，是河南省"一极两圈三层"中"半小时交通圈"的重要组成部分。农作物以小麦、玉米、花生、油菜、棉花为主，同时是我国泡桐生产基地，素有"中国泡桐之乡"。洛宁县地处豫西山区，洛河中上游，总面积2304平方千米。地貌总体呈"七山二塬一分川"，是典型的山区农业县、林业县。农作物以药材、水果、烟叶等为主，下辖的长水镇、上戈镇分别入选"河南省中药材产业发展强镇"和首批省级"一村一品"示范村镇。林州市位于河南省最北部的太行山东麓，地处豫、晋、冀三省交界处，是红旗渠精神发祥地。总面积2062平方千米，是最美中国人文（生态）旅游目的地城市、国家可持续发展实验区和河南省综合改革试点县（市）。农作物以小麦、玉米、棉花、油料作物为主。光山县位于鄂、豫、皖三省交界地带。总面积1835平方千米，人口93万，是全国休闲农业和乡村旅游示范县、全国产粮大县、中国名茶之乡。农作物以稻米、茶叶等为主，有茶园24万亩，茶叶总产量9230吨，产值9.6亿元；种植油茶20.7万亩、苗木花卉12.7万亩。

表5-3 5个样本县的基本情况

样本县	土地面积（平方千米）	人口（万人）	GDP（亿元）	第一产业增加值（亿元）	设施农业面积（公顷）	粮食产量（亿斤）	普通中学在校生数（人）	普通小学在校生数（人）
兰考县	1116	77.6	383.2	51.4	2298	11.1	56689	91880
洛宁县	2304	38.6	208.4	32.6	128	2.5	26917	36741
林州市	2062	95.1	559.8	153.0	50	7.4	76205	108398
夏邑县	1486	89.6	328.2	63.9	7092	13.5	54815	103691
光山县	1835	59.4	235.7	59.2	1309	11.8	58302	66689

二、样本县农业劳动力科技文化素质考察维度与指标

课题组根据5个样本县不同的农业劳动力主体，在抽取共性点的基础上，设计了"科技素质""文化素质"等4个一级维度指标，8个二级维度，44项核心观测点（具体见图表5-4）。

表5-4 样本县农业劳动力科技文化素质考察维度与指标

一级维度	二级维度	核心观测点
个体情况	个体有效影响因素	性别、年龄、参与农业劳动类别、农业劳动角色

续表

一级维度	二级维度	核心观测点
科技素质	科技认知能力	农业科技的态度、农业科技的了解程度、农业科技对农业发展的功能与作用、农业科技书籍资料的阅读量、农业科技电教片观看量
	科技接受能力	农业科技的接受渠道、农业科技接受程度、农业科技的接受类别、农业科技的接受过程、农业科技的接受主体、农业科技的"再接受"意愿、农业科技的"再接受"选择与可承受支出额度
	科技运用能力	作物耕种科技、作物田间管理科技、作物收储科技、育种繁殖科技、肥料施用技术、浇灌技术、地膜等生产资料使用技术、大棚蔬菜种植技术、运用计算机进行农业科技查询技能、小型农业机械使用和维修技术、专业化农业机械使用和维修技术
文化素质	文化程度	文盲、小学文化、初中文化、高中或中专文化，大专以上文化
	文化接受能力	文化接受渠道、文化接受偏好、文化再教育意愿、文化再教育选择
	文化运用能力	利用计算机获取农业科技知识的能力、利用阅读获取农业科技知识的能力、利用电教片获取农业科技知识的能力、利于文化知识服务农业生产的能力（包括种植养殖、育种、田间管理、机械使用、农业协作等）
文化素质对科技素质的影响	影响程度	弱、偏弱、较强、强

根据样本县农业劳动力科技文化素质考察维度与指标，课题组设计了调查问卷，共计发放2200份，收回2200份，有效问卷2118份。同时，课题组还通过查阅5个样本县近10年的农业统计资料，获取了丰富的纵向历史数据，与调研获得的横向数据相结合，从而形成了较为客观的证据链条。

三、样本县农业劳动力科技文化素质的数据分析

(一) 整体描述性分析

从宏观上看，通过对样本县历史数据收集整理，5个样本县的农业劳动力呈现出三个共性特点：第一，在农劳动力和兼业劳动力（已经完全转移的农业劳动力除外）文盲率下降明显，最高值仅为0.34‰。与此同时，文化程度在高中及以上的劳动力人数显著增长，均值由18‰增加至25‰。虽然由于历史原因，这个数值并不比东部发达省份县域农业劳动力比值高，但也足以说明河南农业劳动力近年来的巨大变化。第二，在农劳动力和兼业劳动力（已经完全转移的农业劳动力除外）现代农业科技接受和运用能力显著提升。主要表现在接受农业科技再教育人数急剧增长，5个样本县从2011年第一批完成新型职业农民培育并获得相应资格证书的827人，发展到2021年的3.23万人。第三，在农劳动力和兼业劳动力（已经完全转移的农业劳动力除外）使用现代农业科技情况逐步向好。作物耕种科技、作物田间管理科技、作物收储科技、育种繁殖科技、肥料施用技术、浇灌技术、地膜等生产资料使用技术、大棚蔬菜种植技术等现代农业技术的使用越来越广泛。例如，2010年前后夏邑县蔬菜大棚技术刚刚起步，全县大棚规模仅为0.5万亩，而经过农业技术培育和农业科技推广，该县截至2021年年底各类蔬菜大棚基地总面积已有34万多亩，在业人数突破了4万人。

由此，课题组得出两点基本结论：第一，农业劳动力的科技素质提

升比率与文化素质提升比率成正比,即总体而言劳动力整体文化程度越高则科技认知能力、接受能力和运用能力就越强。第二,农业劳动力劳动报酬和劳动收益率的增长幅度与科技文化素质提升同样呈正比。科技文化素质的提升使农业劳动力获得了更高的劳动报酬和劳动收益率,而劳动报酬和劳动收益率的提升又刺激了农业劳动力通过各种途径提升科技文化素质的积极性。

(二)定量性分析

样本数据定量分析的变量定义及赋值是按照对农业劳动力科技文化素质影响程度进行筛选确定的。这里确定了13个基本变量,既包含农业劳动力内因变量,也包括外因变量,其样本数值如下(见表5-5):

表5-5 影响农业劳动力科技文化素质的13个基本变量

变量名称	赋值名称	样本数	均值	标准差
家庭实际种植面积(亩)	F-area	2118	1.62	0.861
家庭粮食纯收入(万元)	F-income1	2118	2.15	0.42
全年家庭纯收入(万元)	F-income2	2118	7.35	1.35
农业科技对家庭收入的贡献(%)	Cont-rate	2118	50	0.5
农业主要劳动力年龄(岁)	age	2118	45	25
农业主要劳动力受教育年限(年)	Edu-age	2118	9	6

续表

变量名称	赋值名称	样本数	均值	标准差
家庭利用农业科技参与主粮生产人数（人）	Grain-pop	2118	2	2
家庭利用农业科技参与经济作物生产人数（人）	Crop-pop	2118	2	2
小型农业机械使用和维修成本（万元）	Mach1	2118	2	0.5
专业农业机械使用和维修成本（万元）	Mach2	2118	3	0.5
用于农业科技的支出成本（万元）	expen	2118	1	1
村庄经济发展程度（1—5，按500万元标准衡量）	degree	2118	3	1
村庄自然禀赋（1—5，按地理特征测算）	Natural	2118	3	1

5个样本县2118个调研对象中，文盲7人，占比0.33%；小学文化程度534人，占比25.21%；初中文化850人，占比40.13%；高中或中专文化549人，占比25.92%；大专以上文化178人，占比8.40%。参与农业劳动类别主要有四类，分别为参与传统农作物种植人员，占比46.7%；参与高产值现代农作物种植人员，占比26.2%；参与专业或兼业农业机械雇佣操作与维修人员，占比19.6%；农业技师或专业化农业指导、推广人员，占比7.5%。为了得到更为直观的结论，课题组利用

SPSS 分析软件对数据进行了统计，核心统计数值如下，见表 5-6。

表 5-6 样本县农业劳动力科技文化素质影响因素分析（基于 Probit 模型估计）

变量	估计系数	标准差	P>|z|
F-area	0.991	0.861	0.012**
F-income1	0.682	0.420	0.005***
F-income2	0.844	1.350	0.074*
Cont-rate	0.932	0.500	0.083*
age	0.785	25.000	0.001***
Edu-age	0.857	6.000	0.966
Grain-pop	0.998	2.000	0.501
Crop-pop	0.851	2.000	0.529
Mach1	0.605	0.500	0.506
Mach2	0.657	0.500	0.65
expen	0.733	1.000	0.015***
degree	0.921	1.000	0.000***
Natural	0.981	1.000	0.896
LR 统计量	97.39	prob（LR）	0.007
拟 R-squared		0.886	

续表

变量	估计系数	标准差	P>|z|
观测值		2118	

注：*、**、***分别表示在10%、5%、1%水平下显著。

根据调查问卷数据和访谈情况，课题组对"农业劳动力资本情况""农业科技认知能力""农业科技接受能力""农业科技运用能力"四个维度指标进行了量化统计（见表5-7、表5-8、表5-9、表5-10）。需要说明的是，四个维度指标项中均包含多选项，也就是说一些统计项目有人员交叉的情况。

表5-7 样本县"农业劳动力资本情况"调查统计

指标	指标分项	人数（人）	量比（%）
性别	男	1672	78.95
	女	446	21.05
	合计	2118	100
年龄	18—35岁	904	42.68
	36—55岁	887	41.87
	56岁以上	327	15.45
	合计	2118	100
文化程度	大专以上	178	8.40
	高中或中专	549	25.92
	初中	850	40.13
	小学及文盲	541	25.54
	合计	2118	100

第五章 农业劳动力科技文化素质培育

表5-8 样本县农业劳动力"农业科技认知能力"调查统计

指标	青年劳动力(18—35岁) 量/人	比/%	中年劳动力(36—55岁) 量/人	比/%	老年劳动力(56岁以上) 量/人	比/%	总体情况 量/人	比/%
不了解	102	11.28	152	17.13	211	64.52	465	21.95
部分了解	577	63.82	621	70.01	85	25.99	1283	60.57
了解	225	24.90	114	12.85	31	9.48	370	17.46
年阅读两本以上相关书籍者	72	7.96	104	11.72	7	2.14	183	8.64
年参与电教学习两次以上者	91	10.06	52	5.86	5	1.52	148	6.98
年参与科技培训1次以上者	32	3.53	11	1.24	3	0.91	46	2.17
合计	1099	/	1054	/	342	/	2495	/

表5-9 样本县农业劳动力"农业科技接受能力"调查统计

指标1	指标2	青年劳动力(18—35岁) 量/人	比/%	中年劳动力(36—55岁) 量/人	比/%	老年劳动力(56岁以上) 量/人	比/%
接受渠道	网络	542	59.95	224	25.25	22	6.73
	电教电视	198	21.90	257	28.97	81	24.77
	科技书籍	87	9.62	103	11.61	43	13.15
	培训班	56	6.19	17	1.92	5	1.53
	口口相传	21	2.32	286	32.24	176	53.82

143

续表

指标1	指标2	青年劳动力(18—35岁) 量/人	青年劳动力(18—35岁) 比/%	中年劳动力(36—55岁) 量/人	中年劳动力(36—55岁) 比/%	老年劳动力(56岁以上) 量/人	老年劳动力(56岁以上) 比/%
接受程度	未接受	72	7.96	186	20.97	177	54.13
接受程度	一般	381	42.14	571	64.37	147	44.95
接受程度	良好	374	41.37	118	13.30	3	0.92
接受程度	优秀	77	8.51	12	1.35	0	0.00
接受类别	主粮种植	66	7.30	154	17.36	198	60.55
接受类别	经济作物种植	542	59.95	602	67.87	101	30.89
接受类别	特种作物种植	117	12.94	80	9.02	20	6.12
接受类别	其他	179	19.80	51	5.75	8	2.45
"再接受"意愿	愿意	432	47.78	224	25.25	54	16.51
"再接受"意愿	不愿意	472	52.22	663	74.75	273	83.49
"再接受"可承受支出额度	0.5万元以下	247	57.17	152	67.86	45	83.33
"再接受"可承受支出额度	0.5万—1万元	99	22.91	49	21.88	6	11.11
"再接受"可承受支出额度	1万元以上	86	19.92	23	10.27	3	5.56
合计	/	4048	/	3772	/	1362	/

表5-10 样本县农业劳动力"农业科技运用能力"调查统计

指标	青年劳动力(18—35岁) 量/人	青年劳动力(18—35岁) 比/%	中年劳动力(36—55岁) 量/人	中年劳动力(36—55岁) 比/%	老年劳动力(56岁以上) 量/人	老年劳动力(56岁以上) 比/%
作物耕种科技	443	49.00	372	41.94	201	61.47
田间管理科技	378	41.81	228	25.70	144	43.90
作物收储科技	147	16.26	98	11.05	58	17.63
育种繁殖科技	129	14.27	74	8.34	36	10.91

续表

指标	青年劳动力 （18—35岁）		中年劳动力 （36—55岁）		老年劳动力 （56岁以上）	
	量/人	比/%	量/人	比/%	量/人	比/%
肥料施用技术	334	36.95	216	24.35	109	32.93
浇灌技术	227	25.11	181	20.41	112	33.73
地膜、大棚等生产资料使用技术	105	11.62	64	7.22	77	23.12
运用计算机进行农业科技查询技能	672	74.34	207	23.34	24	7.19
小型农业机械使用和维修技术	141	15.60	83	9.36	55	16.42
专业化农业机械使用和维修技术	78	8.63	42	4.74	17	5.06
合计（人次）	2654	/	1565	/	833	/

注：本表样本数据因存在兼业情况，故部分统计数据有交叉重合。

四、样本县农业劳动力科技文化素质存在的问题及影响因素

从样本分析来看，农业劳动力科技文化素质主要存在四个方面的问题。

（一）科技认知能力近年来虽有明显增长，但整体较弱

样本县农业劳动力中中老年群体由于文化程度偏低，加之传统农业生产习惯的影响，对现代农业科技并不完全认可。有受访对象表示："千百年来祖祖辈辈都是这样耕种的，地耕多深、垄起多高、苗植多少差不多就行。现在搞的这些农业技术也不见得多打多少粮食。"因为对

现代农业科技的认知偏差,中老年农业劳动力的科技使用度较青年劳动力要低得多。青年农业劳动力目前已经成为样本县的农业生产主体,其在农业科技方面的认知虽然高于中老年农业劳动力,但也存在一些问题。例如,夏邑县的大棚蔬菜种植已有30余万亩,但大棚技术始终没有较大突破。90%以上的生产种植户普遍采用2米高、70—100米长的普通温室大棚。这种大棚的使用周期一般为三年左右。盛产期一般在第二年,由于土地肥力锐减,第三年必须改种其他作物才能维持整体收入不降低。这种大棚与现代型大棚相比有三个显著缺陷:一是棚内容积较小,无法开展大型机械操作;二是给排水系统不通畅,一旦遇到极端天气,无法开展农业自救;三是覆盖膜使用寿命较短,重复利用率低,一方面造成整体成本的上升,另一方面也造成了对环境的"白色污染"。那么,为什么不采用现代型大棚呢?主要原因有两个:一是缺乏资金,二是缺乏技术。而缺乏技术是更关键、更核心的问题,46%的受访对象认为,现代型大棚虽然可以长期使用,避免了三年一更换的问题,但技术上与普遍大棚是一样的。这种对技术进步认知的缺乏或臆想,使先进的农业科技很难在短时间内得到推广和应用。

(二)科技接受能力和"再接受"意愿整体不高

在农业科技接受渠道方面,接近30%的受访农业劳动力对农业科技的信息接收来自口口相传。仅有5%左右是通过专业化的培训班来完成接收的。这不仅造成了现代科技信息传授的"丢真""耗损"问题,而且使现代科技无法全部转化为现实生产力。与此同时,随着网络的普及,各种"伪农业科技"充斥着网络,农业劳动力在农业生产中由于对"伪农业科技"缺乏科学辨别,造成了一定的农业生产损失。例如,洛宁一位受访农户就曾因轻信网络"高产药材品种"宣传,在种植该品种时造成了30余亩药材绝收。这种情况,一方面使农户经济上蒙受巨大损失,另一方面也造成了他们对农业科技的恐惧与排斥。在接受类别方面，70%以上的受访农户倾向于接受经济作物种植技术或特种作物种植技术，而对小麦、稻米、玉米等主粮新品种、新种植技术的接受率仅为5%左右。这说明，农户的选择性接受是根据生产成本和收益预期来决定的。这也是近些年，河南主粮生产的单位产量整体徘徊不前的重要原因。在"再接受"意愿方面，呈现出两个特点：一是青年劳动力再接受意愿高于中老年劳动力；二是"再接受"经济成本可承受度较低，在2118个调查对象中"再接受"经济成本可承受额度年均值仅为8000元左右。这表明，科技信息接受成本是影响农业劳动力科技素质提升的核心要素。近年来，国家虽然对农业科技培训投入了巨额资金，但农业劳动力整体认可度并不高。这固然有培训资金的分配问题，但更主要的是与农业劳动力基于自身能力和生产投入产出比的理性换算并不见得有关。

（三）科技运用能力亟待提升

就农业种植技术而言，课题组将其划分为四类进行考察：一是种子选育技术。以小麦为例，从调研情况看，样本县小麦品种主要选用百农207、百农418、百农4199、郑麦618、郑麦1860、郑麦7698、周麦36、众麦578、丰德存麦20、存麦11号、周麦27、中麦578、中麦875、郑麦136、百农矮抗58等品种。在这些品种中，有推广面积最大的百农207、百农矮抗58，还有亩产超过800公斤的郑麦1850、众麦578、郑麦618、丰德存麦20、中麦875、百农4199等品种。但是调研发现，多数主粮生产户并不太了解每个品种种植所适用的酸碱度、氮磷含量等土壤条件，以及各品种种植所要求的技术条件。例如，周麦22株型比较紧凑，抗倒伏能力强，属于半冬性小麦品种。而百农207属于中晚熟品种，全生育期231天，早春发育较快，起身拔节早，两极分化快，抽穗迟，耐倒春寒能力中等。品种的差异，对生产条件的要求必然也不同，这就需要对种植农户进行专项种子选育科技培训。然而，样本县95%受访主粮生产户均表示从未进行过相关培训，部分农户虽然意识到这个问题，但也只是对种子提供单位进行简单询问而未做更为具体详细的学习和了解。二是田间管理与收储技术。除少数专业化合作社和经济作物种植户外，一般性农业劳动力对肥料和农药施用技术、浇灌技术、地膜等生产资料使用技术、作物收储和加工技术等并未进行过专业化学习培训。粗放型田间管理与生产后加工管理比较普遍。这一方面造成了农业生产资料的浪费，另一方面也严重影响了农业生产效率的提升。例如，林州市是历史上严重缺水的地域，该市约有76万亩耕地，水浇地仅占全部耕地的20%左右。宝贵的水资源更需要农业种植户对耕地需水量进行科学测量，然而调研发现除个别生姜、药材等经济作物种植户曾做过耕地需水量估算外，其余农户未做过测量。因而，大水漫灌十分普遍，而现代滴灌技术鲜见使用。三是农机使用与维修技术。样本县农机使用分为两种，即小型农业机械和专业化农业机械。小型农业机械主要是家用，一般不用于租赁和规模化生产。专业化农业机械是指大型农业机械或无人机等技术要求较高的农业机械，这部分农机主要是商用，效益来自租赁和规模化生产。调查发现一个比较有趣的现象，无论是小型农机还是专业化农机更新速度都比较快。受访对象给出了两个方面的解释：一方面，农机使用损耗较大且维护、维修成本较高，与其维修还不如更新；另一方面，由于文化水平低尤其是专业培训不到位，农户个体对农机的维护、维修积极性并不高。以专业农机为例，65%的受访对象认为即便专业农机，其淘汰更换周期最多也就是4—5年。四是科技信息查询技能。调查中发现一个矛盾现象，即样本县受访对象对农业科技信息有需求，但主动查询意愿并不强烈。40%左右的受访对象（主体是中老年农业劳动力）表示不清楚通过什么渠道查询。青年群体虽然普遍会使用互联网、手机网络以及新媒体手段进行信息发布和查询，但效率较低。例如，光山县茶叶、油茶生产户在收获期会通过互联网查询价格，也会对自己的产品进行推介和宣传，但一般都局限于QQ群、微信群等。而对更为专业化、系统化的宣介、查询则很少接触。

(四)文化素质整体偏低的状况需要尽快扭转

文化素质对科技素质的正向影响越来越大,因而文化素质整体偏低的状况需要尽快扭转。传统农业生产模式是"没有文化照样可以当农民"的模式,农业劳动力的文化素质在农业生产中的体现并不明显,或者说文化在农业生产中的贡献率较低。而现代农业则不同,舒尔茨就认为"农民所得到的能力在实现农业现代化中是头等重要的",应"把人力资本作为农业经济增长的主要源泉",而这种"向农民投资"的关键在于"教育、在职培训以及提高健康水平。但是,还有其他向农民投资的方式,特别是向那些没有机会上学或即使上过学但所受教育少得可怜,以致实际上不能算成有文化的人投资"[①]。这表明,现代农业生产力的提高是以现代农业劳动力文化素质的提高为前提的。调研发现,高中或大专以上文化程度的农业劳动力无论在科技认知、科技接受,还是科技运用能力方面,普遍高于初中及以上文化程度的劳动力,因而其创富能力、"再接受"意愿和"再接受"可承受成本额度均比较高。这种文化素质与科技素质的正比例关系,有力地印证了以舒尔茨为代表的农业人力资本投入理论。

第三节 农业劳动力科技文化素质提升的对策

有学者认为是农业劳动力的科技文化素质是一个各要素相互作用的有机系统,"不是农民科技意识和价值观念、科技知识、科技的生产力转化、应用能力的简单相加与组合,而是各要素交互作用生成的整体、

---

① [美]西奥多·W.舒尔茨.改造传统农业[M].北京:商务印书馆,1987:150.

综合性功能"①。这个论断符合系统论基本原理，具有一定的合理性。我们认为，在提出新时代农业劳动力科技文化素质提升对策时，应把农民科技文化发展的历史成因与现实需求有机结合起来、把农民内在动力激发与国家政策引导有机结合起来、把科学技术教育与文化知识教育有机结合起来，使农业劳动力科技文化素质培育形成一个综合性的功能系统。

一、激发农业劳动力内生动力

改革开放以来尤其是近20多年来，我国农业劳动力结构发生了巨大变化（见表5-11）。突出表现在三方面：其一，随着城镇化比率不断增长，农村常住人口急剧下降，第一产业从业人数也随之下降。农业从业人数占比从1997年的49.9%下降到2021年的25.7%。这说明如果按静态换算，在24年间农业从业人数年均流失638万人。其二，青年农业劳动力流失严重。中国产业信息研究院统计数据显示，我国农村青年劳动力从1997年占农村总人口的25.96%，下降到2021年的17.50%。农业人口老龄化、超老龄化已经十分严重，广大农村青年"厌农""弃农"问题已成为农村事业发展的重大问题。其三，农业劳动力科技文化素质提升的意愿不断降低。这是一个悖论，一方面农业科技对农业发展的贡献率不断增长，另一方面农业劳动力参与农业科技发展的积极性却不高。这既与农业劳动力对农业产出绩效的期待值不断降低有关，也与农村宏观经济形势与现代农民的生活状态有关。在农业劳动人口不断下降的大背景下，依靠农业科技提高单位农业人口的农业劳动产出已经成为不容规避的选择。当然，其核心在于如何更加有效地激发现有农业劳动力的内生动力。

---

① 贾钢涛，卫梦思. 新时代背景下培育农民科技素质研究——以陕西省为例[J]. 中国职业技术教育，2018（15）：35-40.

第五章 农业劳动力科技文化素质培育

表 5-11 全国人口与劳动力状况[①]

年度	常住人口数（万人）	城镇常住人口数（万人）	农村常住人口数（万人）	农村常住人口占常住总人口比重（%）	就业人员数（万人）	第一产业就业人员数（万人）
1997	123626	39449	84177	68.09	69820	34840.18
1998	124761	41608	83153	66.65	70637	35177.23
1999	125786	43748	82038	65.22	71394	35768.39
2000	126743	45906	80837	63.78	72085	36042.5
2001	127627	48064	79563	62.34	72797	36398.5
2002	128453	50212	78241	60.91	73280	36640
2003	129227	52376	76851	59.47	73736	36204.38
2004	129988	54283	75705	58.24	74264	34829.82
2005	130756	56212	74544	57.01	74647	33441.86
2006	131447.64	58288	73160	55.66	74978	31940.63
2007	132129	60633	71496	54.11	75321	30730.97
2008	132802	62403	70399	53.01	75564	29923.34
2009	133450	64512	68938	51.66	75828	28890.47
2010	134091	66978	67113	50.05	76105	27930.54

---

① 数据来源：中经数据库 https：//ceidata.cei.cn/jsps/RKMain。

续表

年度	常住人口数（万人）	城镇常住人口数（万人）	农村常住人口数（万人）	农村常住人口占常住总人口比重（%）	就业人员数（万人）	第一产业就业人员数（万人）
2011	134915.54	69926.96	64989.04	48.17	76196	26472
2012	135922.37	72174.58	63747.42	46.9	76254	25535
2013	136726.09	74502	62224	45.51	76301	23838
2014	137646.41	76737.65	60908.36	44.25	76349	22372
2015	138326.41	79302.3	59023.7	42.67	76320	21418
2016	139232.18	81924.11	57307.89	41.16	76245	20908
2017	140011	84342.63	55668.37	39.76	76058	20295
2018	140541	86432.71	54108.29	38.5	75782	19515
2019	141008	88426.12	52581.88	37.29	75447	18652
2020	141212	90220	50992	36.11	75064	17715
2021	141260	91425	49835	35.28	74652	17072

根据调研情况来看，我们认为就科技文化素质而言，激发农业劳动力内生动力应从以下三个方面着力。

(一) 培育农业劳动力的科技意识

科技意识是人们对现代科学技术本身及其功能作用的认知，也是学习、掌握和应用科学技术服务生产生活的心理趋势。有学者认为，科技意识包含两个显著特点,即"有关科学技术的知识,因而有正确与错误、全面与片面的区分"和"人们对科学技术的态度、价值判断等心理取向的反映,因而有强烈与淡漠、积极与消极的区别"①。当前农业劳动力科技意识比较淡薄,无法适应现代农业发展需要。例如,调研发现,近80%的受访对象对农业科技只有简单的概念了解,而对农业科技复杂性功能和发展趋势并不熟悉。而年阅读两本以上相关书籍、年参与电教学习两次以上、年参与科技培训1次以上的受访对象仅为3%。有受访对象则表示:"农业科技是科技工作者的事,自己一个老百姓了解这些干什么?祖祖辈辈不懂什么科技不是照样种庄稼吗?"这种"种地不用学,别家咋着咱咋着"的随众心理,一方面导致了农业科技接受心理弱化,另一方面也造成了农业科技下沉难度增大。当前需要做的工作,一是广泛开展农业科技科学普及工作,使广泛农业劳动力树立"科学技术是第一生产力"意识;二是深入开展农业科技功能使用示范工作,用先进典型和老百姓听得懂、看得见的案例及数据教育他们做好迎接农业科技、应用农业科技的自觉性和主动性;三是通过现代传媒手段,及时推送农业科技信息,帮助农业劳动力提升科技意识。

(二) 提升农业劳动力的接受能力

接受能力包括农业劳动力作为主体的自觉接受心理和接受程度。接受心理影响接受程度,接受程度又会对接受心理产生反作用。调查发现,30%左右的受访对象对农业科技持"无所谓"态度,这种接受心理状况很难证明其对农业科技的接受程度较高。即便少数接受能力强的受访对象,因劳动时间分配、农业就业创业失利、外部环境影响等因素,其"再接受"意愿也不是很高。如果在"再接受"过程中,需要额外的经济成本支出,那么其"再接受"意愿将进一步降低。面对这种情况,需要从以下两个方面做出努力:一是增加农业科技公共产品供给。

---

① 马江生.企业成功荟萃[M].西安:陕西人民出版社,1994:182.

有学者认为，"公共品由于其本身具有的外部性特征，完全由私人提供会存在无效率和市场失灵的情况。因此政府在公共品的提供上需要发挥重要作用，同时对一些准公共品可以适当考虑引入私人资本投资"①。北京大学农业发展调研组的调研信息显示，虽然有83.34%的农户认为有必要提供农业技术培训、84.11%的农户认为有必要提供农产品信息服务，但存在不能明确培训哪些内容以及如何获取培训内容的情况。这就需要政府允许私人参与的农业科技公共品供给更多适合农业劳动力发展的产品。例如，农机使用技术、田间管理技术等。二是拓宽农业劳动力农业科技的接受渠道。截至2021年年底，我国农村地区互联网普及率已经达到57.6%，农村宽带接入用户总数达1.58亿户，农村光纤平均下载速率超100Mbps，实现与城市"同网同速"。同时，4G/5G网络已覆盖镇乡贫困地区，通信难等问题得到历史性解决。2022年4月份，中央网信办、农业农村部、国家发展改革委、工业和信息化部、国家乡村振兴局五部门又联合印发了《2022年数字乡村发展工作要点》，对数字乡村建设的10个方面30项重点工作进行了部署，明确提出到2022年年底，农村地区互联网普及率将超过60%。农村基础信息的快速发展为农业科技传播带来了巨大便利，当前应着力发展以互联网中心，以传统科技传播手段为辅助的立体化渠道，使农业劳动力既能方便快捷地接受科技信息，同时也能有效降低"再接受"成本。

（三）提升农业劳动力的科技应用能力

农业科技的全部价值体现在应用效率上。据统计，当前我国农业科技的贡献率已超过60%，在育种、机械等领域取得了重大突破性进展，农业科技创新整体呈现出"支撑引领从'一农'向'三农'转变；支撑引领从'数量型'向'质量型'转变；从'资源消耗型'向'内涵

---

① 王曙光.问道乡野：农村发展、制度创新与反贫困[M].北京：北京大学出版社，2014：169.

式发展'转变"①的三大特点。从现实情况看，这些成就只能说明农业科技整体应用情况较好，并不表示个体或特定区域群体农业劳动力的应用状况都是良好的。此次调查发现，5个样本县的农业科技应用情况并不乐观，这与河南省这个农业大省的战略地位是不相称的。当前需要做的工作主要有：一是全面掌握农业劳动力的科技需求。需求是应用的导向，如果农业科技供给不能满足或不针对农业劳动力生产需求的话，那么再好的农业科技也必然失效。调研发现，5个样本县在农业推广和科技培训中均存在一定的盲目性或应付性，个别地方竟然出现村干部强制或诱导农业劳动力参与科技培训。这种不针对需求的培训，不仅使参培人员反感，而且引发了较坏的示范效应。因此，应当建立全国农业科技需求信息库并使之与农业科技培训进行直接对接，提升农业科技应用的预设效能。二是多方位地进行农业科技指导。分类对作物耕种科技、作物田间管理科技、作物收储科技、育种繁殖科技、肥料施用技术、浇灌技术、地膜等生产资料使用技术、大棚蔬菜种植技术、运用计算机进行农业科技查询技能、小型农业机械使用和维修技术、专业化农业机械使用和维修技术等进行过程指导，提高农业劳动力对科技的信任度和使用率。

二、优化农业劳动力科技文化素质培育的外部条件

农业劳动力科技文化素质培育受到多样性外部条件的影响，需要从政策引导、资金投入、产业扶持等方面进行优化、推进。

（一）加强政策引导

当前，我国已经形成了以《农业技术推广法》为引领的农业科技政策体系。近年来，随着农业科技的发展变化，相关部门又先后制定了

---

① 宋雅娟、张蕃."十三五"期间，我国农业科技进步贡献率突破60%[EB/OL].光明网，2021-11-25.

《加快农业科技创新与推广的实施意见》《关于深化农业科技体制机制改革加快实施创新驱动发展战略的意见》《关于促进企业开展农业科技创新的意见》等多项文件，全力推进农业科技进步。这些政策的落地实施，既需要各级农业科技部门、农业企事业单位和广大专职化农业科技人员发挥作用，更需要一线农业劳动力的广泛参与。政府尤其是县乡级政府应结合国家政策要求和当代农业发展状况，制定更有针对性的农业科技培育、推广、应用等具体化实施细则，以更加管用、实惠的政策，鼓励农业劳动力参与农业科技推广和应用中来。例如，2021年夏邑县印发了《夏邑县绿色种养循环农业试点县项目推进工作方案》，提出"整合全县农业、畜牧业等相关项目和资金，向绿色种养循环农业试点工作倾斜，对粪肥还田企业给予大力扶持"等举措，鼓励绿色农业科技应用与发展。光山县也针对油茶特色产业出台中长期发展规划，明确到2025年，全县新增油茶种植面积10万亩，并形成以科技创新为主导的油茶全链条产业。这些激励政策为农业科技的落地实施起到了良好的引领作用。

（二）加大农业科技发展资金投入

从全国层面来看，为支持农业科技创新，党的十八大以来中央财政投入13.4亿元，加强了农业农村部重点实验室条件能力建设；中央财政累计投入19.4亿元，专项用于中国农科院科技创新工程。在农技推广方面，中央投入58.5亿元基本建设资金，改善了乡镇农技推广机构工作条件；2012年以来，中央财政每年投入26亿元，支持全国2500多个农业县健全农技推广体系，提升农技推广效能。[①] 这说明国家层面的农业科技发展投入总量并不少，现在的问题是这些投入向基层延伸得如何？需不需要针对不同地域农业发展特点给予更多的专项资金支持？地

---

① 李丽颖. 党的十八大以来农业科技创新发展成就［EB/OL］. 农机新闻网，2021-08-19.

方政府对农业科技的投入是否能够及时、到位并发挥应有的作用？这些问题都是当前需要解答的。课题组在实际调研中发现，5个样本县对农业科技的发展投入均呈逐年增长趋势，其中一个显著的特点是能够结合本县的农业发展实际。例如，光山县连续五年印发《光山县统筹整合财政涉农资金增补实施方案》，年均统筹资金达4亿多元，其中农业科技投入占比超过30%。2021年农业并不发达的洛宁县也印发了《关于衔接推进乡村振兴资金和整合涉农资金支持乡村产业振兴发展的意见》，针对水果、药材、烟草、红薯等特色农业产品科技发展给予定量化资金支持。其中，烟草、红薯轮作产业，带贫经营主体按照一年红薯一年烟叶轮作种植标准，集中连片种植1000亩以上，每亩两年共计奖补500元，补贴均于第二年栽植完成后8月30日前一并发放到位；对丹参、柴胡、连翘集中连片育苗面积50亩以上并通过供应种苗、提供技术服务、签订回收合同等措施带动农户发展中药材种植的带贫经营主体，每亩一次性奖补500元。①

（三）以农业科技助推产业发展

新型农业劳动力区别于传统农业劳动力的地方在于与农业产业发展结合紧密，与产业市场化联系密切。提升新型农业劳动力的科技文化素质如果不关注现代农业产业化发展趋势，其效用必然大打折扣。调研中发现，5个样本县均能聚焦于本县的特色农产业并以科技创新推进特色农产业发展。例如，泡桐产业是兰考县的特色产业，也是主导产业。由于泡桐是乐器、家居的主要材料，自改革开放以来该产业发展迅猛，泡桐树种植面积已经达到了40万亩。用泡桐作原料的民族乐器产业已成为兰考县的支柱产业之一，不仅占领了全国35%的民族乐器市场，还远销到海外十几个国家和地区，产值20亿元。截至2020年兰考的乐器、

---

① 洛宁县人民政府.洛宁县关于衔接推进乡村振兴资金和整合涉农资金支持乡村产业振兴发展的意见［EB/OL］.洛宁县人民政府官网，2021-08-30.

家具产业链产值突破320亿元,带动8万多人就业。[①] 2021年,该县出台了《兰考县县级现代农业产业园建设工作方案(2021—2022年)》等一揽子计划,与河南农业大学、河南省农业科学院等单位合作,共同建设泡桐种子资源库、泡桐文化博物馆、泡桐国家级实验室,着力打造兰考"中原林谷"。同时,在泡桐良种选育、丰产栽培、成果推广应用等方面加大科技投入,进一步扩大泡桐特色产业优势。兰考县的例子有力地说明了农业科技在促进产业发展的同时,也极大地提升了农业劳动力的科技文化素质。兰考智慧农业大数据平台显示,兰考县域内该平台APP的下载量和平台科技信息的访问量、使用量超过了40万人次,约占全县人口的1/2。由此我们认为,就科技文化素质提升方面应加强"一县一品"建设,通过扶持特色产业,使农业劳动力在参与特色产业发展过程中自觉提升科技文化素质。

三、健全农业劳动力科技文化素质培育体系

健全农业劳动力科技文化素质培育体系主要包含三方面内容,即大力发展农业劳动力职业教育、构建"互联网+农业科技教育"培育模式、加强农业科技推广普及工作。

(一)大力发展农业劳动力职业教育

早在1979年,政府工作报告首次提出要发展职业教育,以提升劳动者素质。在随后的40余年间,中央不断强调发展职业教育的重要性,并出台了一系列支持和鼓励职业教育的政策措施。2022年政府工作报告中又明确提出"发展现代职业教育,改善职业教育办学条件,完善产教融合办学体制,增强职业教育适应性"。经过改革开放以来40多年的发展,目前我国已建成世界上规模最大的职业教育体系,共有职业学

[①] 左嘉玉、裴蕾.河南兰考:前人栽树泽后世 泡桐之乡新乐章[EB/OL].央视网,2021-12-11.

校 1.12 万所，在校生超过 2915 万人。中高职学校每年培养 1000 万左右的高素质技术技能人才，高职院校 3 年累计扩招 413.3 万人，1 万余所职业学校每年开展各类培训上亿人次。同时，近 10 年来，国家两次调整职业教育专业目录，更新幅度超过 70%，全国职业学校共开设 1300 余个专业和 12 余万个专业点，基本覆盖了国民经济各领域。① 由此可见，我国职业教育基础良好、发展前景广阔，但也有需要强化和完善的领域：一是进一步完善以《中华人民共和国职业教育法》为主体的法律法规体系，为农业劳动力开展科技文化技能培育提供法律保障，从而使农业劳动力科技文化培育逐步走上法治化、制度化道路。二是职业教育适度向农村倾向，并以定向培养、减免学费等形式吸引更多的农业劳动力接受职业培训，提升科技文化素质。三是针对特殊农产业，实施国家特种农业劳动力专项培育计划，以国培计划、省培计划等形式开展特种科技培训。从而使我国特有的农产品种植技术能够得以存续和发展。

（二）构建"互联网+农业科技教育"培育模式

当前学校职业教育虽然发展迅速，但毕竟受学习时限、地理空间等条件限制。为了适应农业现代化发展需要，必须构建"互联网+农业科技教育"培育模式。具体可分为两类：一类是公益性互联网农业科技培育，以政府购买的形式向农业劳动力提供科技文化信息服务；另一类是收费性互联网农业科技培育，针对特殊农产业发展需要，在政策允许和农业劳动力可承受范围内，可以适当收取一部分网络培训费用，以保障培训的可持续性。这就需要政府、互联网企业、农业教育部门和农业劳动力个体四方协同，其中最主要的是教育部门优质农业科技信息供给，但这方面目前还比较缺乏。

---

① 丁雅诵. 我国建成世界规模最大职业教育体系 [EB/OL]. 人民网，2022-05-29.

(三) 加强农业科技推广普及工作

近些年，我国农业科普工作取得了较大发展，已经形成了包括广播、电视、互联网、卫星网、报纸、杂志、音像出版、手机短信、热线电话、文字教材等多种媒体资源的农业科普平台体系。2022年5月农业农村部办公厅、中国科协办公厅在《关于开展2022年科普服务高素质农民培育行动的通知》中提出，要"以提升高素质农民科技文化素质为出发点和落脚点，建立健全科普服务高素质农民培育工作机制，强化科普资源和活动供给支撑，用好科普公共服务平台和基础设施，提升高素质农民科学精神、科学思想和科学方法，有力推动农民全面发展，为加快农业农村现代化提供有力支撑"[①]，同时还就"加强高素质农民科学素质培训""促进科普服务高素质农民培育"等5项重点工作进行了部署。这说明虽然当前我国农业科普的针对性越来越强了，但依然有较大的提升空间。一是创办更多农业劳动力易于接受的科普节目并大力推广。例如，中央电视台农业农村频道的《农广天地》《致富经》《致富早班车》《田间示范秀》等栏目就深受农民喜爱。二是搭建立体化科普网络。目前以中央农广校和省级农广校为主干，建立了开放性科普网络，如中央农广校建有卫星主站，在全国基层农广校建有360个卫星终端接收站，可利用卫星视频召开会议、开展教育培训；在全国农村建立了12872个"大喇叭"广播站；"中国农村远程教育网"在全国33个省级农广校开通了统一域名的互联网站。但与农业劳动力的需求相比，这些平台无论在数量上还是质量上都有较大的发展空间。三是实施"双普"模式，即普及科技信息、知识技能和科技价值理念，普惠科学文化设施，注重保护科学文化遗产、建设科学文化主题场馆和农业科技

[①] 农业农村部办公厅、中国科协办公厅《关于开展2022年科普服务高素质农民培育行动的通知》(农办科〔2022〕18号)

文化示范基地等。①"双普"模式的实施是现代农业发展的必然要求，也是高素质农业劳动力培育的必然趋势。2022年4月，中国科学技术协会发布《关于命名2021—2025年第一批全国科普教育基地的决定》，包括中国农业博物馆在内的一批农业科技文化场馆入选。这是农业科普的一个良好开端，标志着我国农业科普已经进入专业化、规范化的新阶段。

---

① 贾钢涛，卫梦思．新时代背景下培育农民科技素质研究——以陕西省为例［J］．中国职业技术教育，2018（15）：35-40．

第六章

现代农业劳动力经营管理和治理参与素质培育

现代农业劳动力的经营管理素质和乡村治理参与素质是现代农业发展的必然要求，也是其区别于传统农业劳动力的显著标志。但由于我国农业现代化起步较晚且发展速度较慢，造成了农业劳动力经营管理素质和乡村治理参与素质较其他先进农业生产国明显偏弱的情况。为了尽快转变这种状况，2021年2月，中共中央、国务院在《关于加快推进乡村人才振兴的意见》中明确提出了"加强农村经营管理人才队伍建设"和"加快培养乡村治理人才"的战略部署。从根本上讲，加强农村经营管理人才队伍和乡村治理人才队伍建设关键在于教育培养，核心在于提升农业劳动力的经营管理能力和乡村治理参与能力。本章将通过实证调研数据对当前农业劳动力的金融管理能力、产业经营能力和参与乡村治理能力等存在的主要问题进行研究。

第一节 农村融资状况与农业劳动力金融管理能力提升

金融是经济的血脉，农村金融信贷状况的好坏直接影响农村经济社会发展。本节我们将通过对样本村庄的田野调查，来研究当前农村金融状况以及农业劳动力金融管理能力提升的策略。

一、农村融资状况：基于田野调查数据

为了研究需要，课题组选取了河南省夏邑县的张村作为样本。之所

以将张村作为样本是因为该村近年来在土地流转、蔬菜大棚种植等方面反映出来的问题较为典型和突出。该村位于县城东北部的豫皖交界处,包括6个自然村,土地5436亩、常住人口3600余人,流转土地4130亩、蔬菜大棚4500余架,果园和其他生产经营用土680亩。此次调查涉及农户520户,土地流转承租人、蔬菜大棚种植人、兼业经纪人、蔬菜生产合作社负责人、村两委干部等被调查主体320人。样本对象年龄结构为30岁及以下的农户占比32%,31岁到50岁的农户占比61%,51岁及以上农户占比7%。课题组从融资渠道、融资用途、融资收益、偿还情况、近年来未进行融资信贷等方面进行了调研分析。

从调查数据来看,样本村农户的融资信贷情况呈现四个特点:第一,整体融资规模和单位量融资规模较小,属于小微型融资信贷模式;第二,个体融资总量和信贷上限与家庭偿付能力直接相关,属于稳健型信贷模式(见表6-1);第三,从信贷渠道来看,邻里亲戚朋友之间的信用借贷(一般都是以口头约定和无息借贷为主)、财产变卖等传统型借贷模式依然普遍,而向银行、信用社等进行契约式借贷比例偏低,属于信誉型而非信用型信贷模式;第四,私人性质的高利息信贷虽然并不普遍,但近些年发展较快。这类信贷虽然利息较高且存在一定的违约风险,但由于放贷时间短、手续简单、无须抵押和道德偿付等,是乡民缓解应急性资金短缺的重要渠道。

表6-1 样本村融资渠道及借贷量(单位:万元)

融资渠道	融资户数	最大融资量	最小融资量	借贷均值	借贷总额
银行、信用社	87	85	5	35	3045
职业放贷人	9	10	2	7.5	67.5
邻里亲戚朋友	203	20	0.5	3	610

续表

融资渠道	融资户数	最大融资量	最小融资量	借贷均值	借贷总额
村集体	63	5	1	1.5	94.5
财产变卖	116	30	1	5	580
未进行融资信贷	42	0	0	0	0
合计	520	150	9.5	52	4397

样本村融资用途属于典型的"负向支出",即融资的较大比例并不是用于生产经营,而是用于生活支出。土地流转准备金、蔬菜大棚建设、农机具购置属于生产资料储备,目的是创富和盈利,其收益率在高于借贷率时即成"正向支出"。而购房或房屋建设、大病医疗、子女婚姻支出等属于生活消费支出,除房屋具有一定的保值或增值功能外,其他均属于"经济无收益"支出(见表6-2)。张村的融资用途结构是长期以来农村信贷支出结构失衡的一个缩影。

表6-2 样本村融资用途及量额(单位:万元)

融资用途	最大量额	最小量额	总量额	占融资总量比例(%)
土地流转准备金	55	7	367	8.35
蔬菜大棚建设	215	40	1150	26.15
果园建设	50	10	450	10.23
农机具购置	35	10	350	7.96

续表

融资用途	最大量额	最小量额	总量额	占融资总量比例（%）
开设经营性店铺	25	5	350	7.96
购房或房屋建设	40	0.5	850	19.33
大病医疗	5	0.2	400	9.10
子女婚姻支出	2	0.2	300	6.82
经济纠纷赔偿	15	2	135	3.07
其他事项支出	2	0.5	45	1.02

从表6-3、表6-4、表6-5三个样本数据统计表可以看出，第一，样本村农户经济层面上的融资收益较低。融资收益所占家庭总收入比例虽然较大，但并不能说明融资主体对融资信贷的意愿较大。第二，融资偿还比例呈现级差。银行、信用社、职业放贷等强约性融资借贷按期偿还比例较高，而基于社会关系和道德约束的一般性借贷按期偿还比例较低。第三，近年来未进行任何融资借贷农户的原因比较复杂，但总体上是基于经济偿付能力考虑。样本村的这些统计数据，一方面说明了随着近年来农村经济发展，农户融资信贷已经成为创富的必要手段和重要途径，另一方面也说明了现代正规化的融资信贷方式在农村扎根还不牢固。

表6-3 样本村融资(经济)收益及量额(单位:万元)

融资收益途径	最大量额	最小量额	总量额	占集体总收益比(%)
土地流转承包户粮食销售	51	4	895	10.53
大棚蔬菜销售	210	12	4658	54.80
水果销售	78	8	1638	19.27
农机具出租	15	2	542	6.38
店铺经营	40	-3.5	224	2.64
其他	11	1.5	380	4.47

表6-4 样本村融资偿付情况(单位:户)

融资渠道	按期偿付	未按期偿付 60%—90%	未按期偿付 30%—60%	未按期偿付 10%—30%	未按期偿付 10%以下	违约比例(%)
银行、信用社	81	6	0	0	0	7.40
职业放贷人	9	0	0	0	0	0
邻里亲戚朋友	117	24	8	16	38	42.36
村集体	24	11	2	8	18	61.90
其他	13	2	3	2	4	45.83

表 6-5　样本村农户近五年未进行融资信贷原因统计（2017—2022 年）

未融资信贷原因	频次	所占比例（%）
不需要（外出务工或家庭状况良好）	17	11.33
手续烦琐（银行、信用社）	9	6.00
担心偿付不起（职业放贷、高利贷）	23	15.33
收益率低于预期（经营产业）	31	20.67
人际关系不好（邻里亲戚朋友、村集体）	12	8.00
经济状况差/年纪太大	54	36.00

二、农村融资状况对农业劳动力金融管理能力的反照

有学者从全国调查数据分析得到了当前农村金融状况的影响因素，主要是信贷约束对农民收入水平和城乡收入差距有显著的影响，但地区之间呈一定的差异性；信贷供给不足已经成为制约农村经济发展、固化城乡二元结构、扩大城乡收入差距的主要因素之一；农户因面临严重的信贷约束而有可能陷入贫困陷阱等。[①] 这只是从商业信贷角度得出的宏观结论，并不能完全反映各类具体融资状况对农业生产和农户生活的微观影响。课题组认为，样本村调查数据虽然只是一个点的数据，但它能从一个侧面反照当前农村融资状况以及农业劳动力金融管理能力的一系列问题，突出表现在四个方面。

---

① 王曙光. 问道乡野：农村发展、制度创新与反贫困［M］. 北京：北京大学出版社，2014：52.

(一) 融资渠道与现代金融发展趋势不相适应

相对而言，农户融资渠道比较单一。确有需求的融资农户也会有融资选择差序，多数农户在融资时第一选择是邻里和亲戚朋友的相互拆借，之后是向有一定资金储备的村集体借贷，其后是向银行、信用社或职业放贷人借贷。之所以出现这种选择差序，主要是农户基于收益成本最大化和融资避险。由于农户融资规模较小，一般情况下都可以通过邻里和亲戚朋友资助性借贷来解决，这不仅可以降低融资成本，而且还能增进乡村共同体意识，也就是说借贷主体与被借贷主体之间的利益关联更加紧密。我们可以将其称为融资的"社会收益"。现代金融强调的是合法契约基础上的资金流通速度比、资金收益率以及资金安全保障。近年来，国家虽然加大了对农业农村融资扶持力度，出台了一系列相关政策和制度，以保障农户农业生产发展需要能够借贷到资金。但在调研中发现，一方面商业银行、信用社出于资金安全和成本收益考虑并不愿意借贷，另一方面有借贷需求的农户因缺少有价值的抵押物或存在偿还担忧而贷不到资金。

(二) 融资用途与现代化农业发展要求契合度不高

调研发现，农户融资用于产业发展或生产资料购置的额度要小于生活资料购置的额度，这与现代农业发展要求存在着较大的差距。这里面存在着一个较为重要的原因——"假性融资"。所谓"假性融资"是指违背融资的创富本意，将所融资金用于生产之外。"假性融资"导致资金使用效率较低。样本村65%的农户均属于"假性融资"，这种现象的长期存在势必造成一个直接后果，那就是资金的"负向效应"，即不仅使农户背负了沉重的债务负担从而加剧了其潜在创富能力的丧失，而且严重破坏了乡村整体的融资环境和再融资可能性。有受访对象称："借这些钱，让我睡不着觉。不借又不行，孩子等着结婚、老人等着看病。拿什么偿还呢？"大量借贷资金流向购房、乡村房屋建设和子女婚姻，使样本村农户财富积累和集体经济发展受到了严重制约。

（三）农业劳动力融资意愿不够强烈

农业劳动力融资意愿受到三重制约：一是劳动力的要素禀赋；二是劳动力的偿付能力；三是信贷供给制度约束。在要素禀赋方面，农业劳动力的要素禀赋比较匮乏，大致有房舍、粮食、林木、牲畜以及农机具等，因土地的集体产权性质一般并不能作为要素禀赋。匮乏的要素禀赋使多数农业劳动力因无法提供有价值的抵押物而被正规金融机构拒之门外。在偿付能力方面，用于生活资料购置或自身健康、发展的资金投入需要较长周期积累才能偿付，而用于生产资料投入的资金也会因市场风险、自然风险和社会性风险等不确定因素而流失。例如，样本村的一个水果种植户，就曾因邻里矛盾导致30%的果树被砍伐，造成了种植户严重的经济损失而无法偿还到期的借款。在信贷供给制度约束方面，我国农村金融市场竞争存在严格约束，市场准入门槛高、制度规制严，"同时农村外生性的正规金融制度安排官方化倾向严重，存在服务效率低下和经营机制僵化等弊端，难以满足农民的信贷需求"[1]。以上三个方面的同时作用，长期制约着农业劳动力的融资意愿，从而导致农村整体融资信贷比例较低。

三、农业劳动力金融管理能力提升的对策

农业劳动力金融管理能力提升需要农业劳动力自身和政府、社会共同努力才能实现。仅就农业劳动力自身而言，依据样本村调研实际情况，我们认为应当从以下几个方面着力。

（一）培育农业劳动力的金融意识

2021年，中国银保监会等四部门联合印发了《关于深入扎实做好

---

[1] 王曙光. 问道乡野：农村发展、制度创新与反贫困 [M]. 北京：北京大学出版社，2014：53.

过渡期脱贫人口小额信贷工作的通知》，就培育农业劳动力金融意识明确提出两项措施，即"深入开展面向脱贫地区、脱贫人口的金融知识宣传活动，大力评选创建信用乡镇、信用村、信用户，广泛开展评级授信，提高脱贫人口信用意识"和"广泛开展脱贫人口小额信贷政策培训"。由于现代农业劳动力依然受小农思想影响并在较短时间内难以消除，因此必须加大教育培育力度。第一，大力开展金融知识宣传，将党和国家重大涉农金融政策、涉农融资信贷流程等内容通过广播电视、送知识下乡、宣传展示、专题培训等形式传导给农户。第二，加大融资信贷信用意识培育。将国家金融法律法规和地方性金融管理制度有效传递给农户，可以采用典型案例、入户宣讲、意见领袖引领等方式，对农户进行违约惩戒教育和信用教育。第三，建立农村的金融风险教育培育体系，改变农民金融风险意识脆弱局面。将培育农民金融意识纳入县乡级政府及涉农金融机构重要业绩考核内容，通过政府出资、金融机构出人举办各类培训班、农民夜校等形式，对乡镇干部、村两委、村组干部及有意向的农民进行全面轮训，传授非法集资、地下六合彩、金融诈骗等非法金融活动的表现形式及特点等内容，定期或不定期通过考试进行测评，提高农民对非法集资、金融诈骗的识别能力。同时，建立农民金融意识长效培育机制，将金融风险防范、安全投资理财知识及诚信教育纳入农村中小学教育课程，通过规范化教育，逐步改变农民信用意识及金融风险意识落后面貌。[1]

（二）培育农业劳动力的资金管理能力

针对农村融资使用混乱现象，国家相关部委近年来出台了一系列规范性文件制度，明确了农户在正规金融机构信贷的金额、利率、期限、担保方式、信贷条件和资金使用范围。在贷款用途方面提出要严格坚持"户借、户用、户还"的原则，精准用于贷款户发展生产和开展经营，

---

[1] 莫开伟. 农村金融改革重在培育农民金融意识 [EB/OL]. 新华网，2016-02-23.

不能用于结婚、建房、理财、购置家庭用品等非生产性支出，也不能以入股分红、转贷、指标交换等方式交由企业或其他组织使用。但实际调研中发现，一方面这些规定在农村执行得并不彻底，贷款资金非农化使用比较普遍，另一方面在执行较为严格的农村同时还出现了融资贷款非法化的问题。这都说明农业劳动力的资金管理能力较为薄弱，需要着力加强。第一，应推广绿地模式，大力发展适合农户借贷行为特点的小微型金融机构，将农户急需的非生产性贷款纳入其中，帮助农户渡过难关。第二，加强资金管理专业教育。可以借助村两委、农村致富带头人、乡村知识精英、专业合作社等农户较为信赖的人力资源进行教育示范引领，帮助农户将有限的金融资产更多地投向农业生产和农村产业发展。第三，加强乡风文明引领和社会事业保险工作。通过移风易俗逐步消除天价彩礼、奢靡攀比等不良行为，压缩融资信贷的非农使用空间。同时，加强社会事业保险宣传扩进力度，引导农户积极加入大病医疗、自然灾害防范等社会事业保险服务范围，用社会事业保障来消减农户融资信贷压力。

（三）培育农业劳动力的风险防控能力

2022年出现的河南禹州新民生村镇银行、柘城黄淮村镇银行等违规事件，一方面暴露了农村金融管理混乱的问题，另一方面也暴露了农业劳动力风险防控能力脆弱的问题。随着农村产业发展速度加快，农业劳动力自有资金积累量和产业发展需求的借贷量都有了极大提升。银保监会数据显示，截至2021年年末，银行业涉农贷款余额43.21万亿元，其中，农林牧渔业贷款4.57万亿元，农用物资和农副产品流通贷款2.71万亿元，农产品加工贷款1.2万亿元。普惠型涉农贷款余额8.88万亿元，较年初增长17.48%，超过各项贷款平均增速6.18个百分点，其中，单户授信500万元以下的农户经营性贷款余额6.07万亿元，较

2021年年初增长16.47%。① 如此庞大的涉农业信贷资金投入，一方面极大地推进了农业和农村产业发展，另一方面也为金融风险防控带来了一定的难度。就提高农业劳动力的风险防控能力而言，重点要加强两个方面的工作。第一，在资金收益风险防控方面，重点教育农业劳动力对大大超出国家规定存款收益率的融资行为提高警惕，避免出现类似河南村镇银行这样的事件。第二，在资金投资风险防控方面，重点做好对农户的政策引导、市场变化分析、金融理财规制等方面的教育，帮助农业劳动力将资金投入风险可控、收益稳定的产业上来。

第二节　农业劳动力产业经营能力的现状与培育路径

20世纪80年代让·德雷兹、阿玛蒂亚·森在深入研究世界各国农业发展状况的基础上，提出了一个重要观点，即多样化生产尤其是农业产业化、规模化生产是农业发展的必然趋势，"从积极的方面说，将范围扩展到工业领域所提供的经济发展机会，已被世界各地许多国家的历史经验所证实……一个重要的考虑因素是工业化对技能的形成与对经济和社会的现代化做出的贡献。而且它对农业生产率本身的技术转化所产生的间接影响无论如何也不能忽视"②。这反映出自20世纪80年代以后，世界农业发展已经开始向收益率更高的专业化、规模化产业经营方向转变了。对于我国而言，改革开放40多年来，从乡镇企业的异军突起到如今的高效农业生产经营，可以说以效率优先的产业政策已深深融入农业农村现代化发展之中了。但农业劳动力产业经营能力是否能够顺

---

① 彭江、于泳. 银行业涉农贷款余额43.21万亿元 [EB/OL]. 中国经济网，2022-03-01.
② [印] 让·德雷兹，阿玛蒂亚·森. 饥饿与公共行为 [M]. 北京：社会科学文献出版社，2006：178.

应时代发展趋势和产业发展要求,这是需要深入研究的一个问题。

一、农村产业发展状况:对样本数据的分析

为了研究需要,我们将河南省农村产业发展状况作为研究样本并进行数据分析。文中数据主要来自两个渠道:一是河南省统计年鉴;二是田野调研。从统计情况来看,改革开放以来河南省一产增加值增长速度较快,由1978年的95.38亿元增长到2020年的9956.35亿元,其中农业收入由1978年的81.74亿元增长到2020年的6244.84亿元。小麦、花生、草畜、林果、蔬菜、花卉、茶叶、食用菌、中草药材、水产十大优势特色农业产值也有较大幅度增长。与此同时,一产中的农业生产条件、农业产业化服务保障等都有极大改善。从农业劳动力就业人口情况看,虽然绝对数由1978年的2262万人、占比80.6%,下降到2020年的1223万人、占比25.0%,但农业劳动力的整体素质明显提升,文盲率近十年下降了约两个百分点,全省每10万人中初、高中教育人数分别为4751人、3737人。2020年技术市场成交合同11751项、成交金额384亿余元,其中农业715项、占比6.1%,金额23.8亿元,占比6.2%。这就为河南省由"农业大省"向"农业强省","农业劳动力大省"向"农业劳动力强省"迈进奠定了坚实基础。

2021年9月,中共河南省委农村工作领导小组印发了《河南省乡村产业振兴五年行动计划》(以下简称《计划》)。该《计划》明确提出要做强高效种养业、绿色食品业和乡村现代服务业三大产业,将资金使用更多向产业倾斜、资金占比达到50%以上,整合相关涉农资金用于产业发展。同时,用好现代农业发展基金,重点支持合作社、家庭农场和龙头企业等新型经营主体,发展壮大主导产业。按照规划,预计到2025年,河南省粮食产能稳定在1300亿斤以上,初步建成新时期国家粮食生产核心区,十大优势特色农业产值达到6500亿元以上,农产品

加工转化率达到75%左右，农业科技进步贡献率提高到67%左右（见表6-6）。课题组根据河南省拟订的农村产业发展规划，选取高效种养业中的中草药产业发展情况进行锚点研究，以透视该省农业劳动力产业经营能力状况。

表6-6 河南省十大优势特色农业产值（按当年价格计算）①

品种	产值（亿元）				占农林牧渔业的比重（%）			
	2017	2018	2019	2020	2017	2018	2019	2020
优势特色农业	3978.56	4343.37	4772.78	5627.07	52.6	56.0	55.9	56.5
小麦	838.25	789.02	846.58	861.34	11.1	10.2	9.9	8.7
花生	224.64	259.31	308.26	373.17	3.0	3.3	3.6	3.7
草畜	450.42	468.88	589.05	617.57	6.0	6.0	6.9	6.2
林果	400.69	465.78	447.33	561.84	5.3	6.0	5.2	5.6
蔬菜	1388.37	1378.21	1554.63	1933.11	18.4	17.8	18.2	19.4
花卉	30.69	19.25	28.76	28.08	0.4	0.2	0.3	0.3
茶叶	94.01	196.62	245.41	269.91	1.2	2.5	2.9	2.7
食用菌	330.59	353.19	338.07	430.05	4.4	4.6	4.0	4.3
中草药材	113.11	290.39	296.54	434.36	1.5	3.7	3.5	4.4
水产	107.79	122.71	118.16	117.63	1.4	1.6	1.4	1.2

近几年，河南省中草药种植产业呈现由农户分散种植向规模化、集群化发展的趋势。截至2020年，河南省中药资源2700余种，有蕴藏量

---

① 河南统计年鉴［EB/OL］．河南省统计局官网，2021-01-20．

的种类 236 种，栽培品种 99 种。种植面积将达 500 万亩，占全国的 6.7%，产量 282 万吨，产值 434.3 亿元，面积、产量、产值均位列全国前 3 位。目前，已有山茱萸、山药、丹参、金银花、地黄、冬凌草共 6 个品种 8 个 GAP 基地。原产地认证品种 27 个品种，包括方城裕丹参、西峡山茱萸、封丘金银花、南召辛夷、卢氏连翘、"四大怀药"（地黄、山药、菊花、牛膝）等。107 家中药企业、25 家饮片企业。从分布区域来看，核心产区有 7 个，分别是豫北太行山药材区、豫西丘陵野生药材区、豫西伏牛山药材区、豫西南盆地药材种植区、豫南大别山及桐柏山药材种植区、豫东南淮北平原药材种植区、豫北豫东北黄河平原药材种植区。我们选取了豫西伏牛山药材区的南阳市西峡县、淅川县作为样本进行统计研究。共涉及 4 个药材种植合作社、1 家药材加工企业、650 个药材专业种植户。

药材作为特种农业种植既有较高的技术要求，同时也对农户经营管理能力有着比较高的要求。从样本数据（表 6-7、表 6-8、表 6-9）来看，主要呈现四个特点：第一，除专业化药材基地外，多是农户小规模种植；第二，农户劳动过程主要集中在种植，而对产品加工、营销等劳动参与率较低；第三，18—35 岁的青年劳动力在劳动力总量中的比重较低。第四，合作社、电商等现代化运营手段和技术渗透率低。这四个基本特点在茶叶、食用菌、花卉等农村其他产业发展中具有高度的类似性，这说明当前农业劳动力整体经营管理素质呈现趋同性。

表 6-7　样本农户主要中草药材种植收益情况

种类	面积（万亩）	户均面积（亩）	年均亩产量（斤）	年平均收益（万元）
山茱萸	7.4	113.84	500	142.30
连翘	4.2	64.61	800	103.38

续表

种类	面积（万亩）	户均面积（亩）	年均亩产量（斤）	年平均收益（万元）
黄精	1.8	27.69	1000	83.07
丹参	3.7	56.92	2000	91.07
苍术	2.1	32.30	600	96.92
金银花	4.5	69.23	300	145.38
芍药	2.7	41.53	3000	99.69
白芷	3.4	52.30	1100	34.52

注：因样本农户存在多样种植，故数据有交叉重合情况。

表6-8 样本农户中草药材种植参与情况

类别	18—35岁	36—50岁	51—60岁	60岁以上
种植	115	243	77	24
加工	104	179	58	17
销售	215	204	24	8
技术服务	72	188	95	89
运输	341	211	16	0
其他	27	43	14	6

注：因样本农户存在兼业情况，故数据有交叉重合。

表6-9 样本农户中草药材种植销售渠道情况

类型	总量（户）	占比（%）	年平均销售额度（万元）	占总销售比（%）
自售	274	42.15	324	40.50
合作社	119	18.30	102	12.75
电商平台	57	8.76	85	10.62
中间商	188	28.92	260	32.50
其他	12	1.84	26	3.25

二、农业劳动力产业经营能力的影响机制分析

依据上述实证研究，我们可以对农业劳动力经营管理能力的影响因素做出进一步的分析。实证结果证明，不同农业产业类别对农业劳动力经营管理能力的要求虽然不同，但整体影响甚微。个体农业劳动力并不会因为参与不同产业生产类别而有较大差异，这既与农业生产的相对稳定性、周期性、收益的可预见性有关，也与农业劳动力的劳动心理等有关。具体来看，当前影响农业劳动力产业经营能力的因素主要有以下三个方面。

（一）分散型经营模式的制约

我国农业自古以来就属于典型的分散型农业，温铁军教授等人将之称为"东亚模式"。这种生产经营模式完全不同于原殖民地国家的大农场农业模式和欧洲宗主国的中小农场农业模式。这种农业生产模式"是指以家庭为单位从事小规模农业与手工业生产的经济形态，具有自

担风险、自负盈亏的经济运行机制"①，同时由于借助村社聚居生产传统为载体，因而"构建起了无所不包的综合性合作制度体系，才得以形成不同于欧美的农业模式"。分散经营的益处十分明显，如成本核算比较精确、收益不会出现家庭溢出、经营管理比较灵活等，但其劣势也同样十分明显。与规模化经营相比，以家庭为主的分散经营一是整体抗风险能力较低，一旦出现严重自然灾害将可能面临绝收的危险；二是集体议价权不易获得，农户个体的经济可承受度、市场行情的捕获能力等都不强，因而在议价时必然处于被动地位；三是农业产品产量与品质无法保证。分散型经营模式的这些特点不可避免地要映射到农业劳动力经营管理能力上来，使之呈现出"谨小慎微"的行为特征。

（二）现代经营手段和技术的制约

当前农村地区已经基本实现了通电通网，光纤互联网、5G网络等已在农业广泛覆盖。第49次《中国互联网络发展状况统计报告》显示，截至2022年2月，我国现有行政村已全面实现"村村通宽带"，贫困地区通信难等问题得到历史性解决。我国农村网民规模已达2.84亿，农村地区互联网普及率为57.6%，较2020年12月提升1.7个百分点，城乡地区互联网普及率差异较2020年12月缩小0.2个百分点。②以"互联网+"为代表的现代经营手段和技术的广泛应用，为农业生产带来了极大的便利和更多的机会。互联网的发展只是说明了它在农业生产中应用的可能性，并不意味着在具体农业劳动生产过程中应用的必然性。调查发现，样本农户的手机普及率100%、电脑的家庭普及率高达97%，但真正将其应用到农业生产经营的比例只有8%。大多数农业劳动力把网络运用到观看视频、休闲娱乐等与生产无关的事项之中。对于

---

① 温铁军，等. 从农业1.0到农业4.0——生态转型与农业可持续 [M]. 北京：东方出版社，2021：101.
② 第49次《中国互联网络发展状况统计报告》[EB/OL]. 中国互联网信息中心官网，2022-02-25.

运用互联网开展电商营销，65%的受访农户表示不了解或不认同，现实市场的确证度和认可率远远高于互联网虚拟市场。这说明，并不是农村缺少现代经营手段和技术条件，而是农业劳动力缺乏互联网意识和现代经营技术运用能力。

（三）市场信息捕获能力的影响

传统农业劳动力一个比较突出的特点就是对市场信息不敏感。发展经济学家阿瑟·刘易斯、罗森斯坦·罗丹等人曾提出"零值农业劳动学说"，即传统农业中一部分不重视市场信息的劳动力有可能边际生产率为零。这就是说，尽管这些人在参与农业劳动，但实际上对生产毫无贡献，"这种就业实际是隐蔽失业，把这些人从农业中抽走，并不会使农业生产减少"[1]。虽然这个理论有点武断，但毕竟指出一个确证性的农业发展趋势，即现代农业劳动力必须掌握一定的市场信息分析能力。徐勇等人曾对农业劳动力信息需求做过样本调研，数据显示，外出务工信息的需求高达26.62%，而对农产品价格信息、农产品供求信息、生产技术服务信息等市场信息的需求率才分别为24.09%、19.67%、13.43%[2]，均低于非农业生产信息需求。虽然近几年这个数据已有了一些变化，但整体变化不大。农业劳动力市场信息捕获能力不足，将影响生产和销售。在生产方面，由于市场信息不通畅，农业劳动力盲目耕作种植，造成了大量的产能过剩，这尤其表现在除主粮之外的经济作物和特种作物种植上。在销售方面，由于市场信息"失灵"，农业劳动力的劳动产品存在被蒙蔽的可能和风险。实地调查中，73%的农户曾因不了解市场价格信息被中间商恶意压价，而造成一定的经济损失。

---

[1] [美]西奥多·W. 舒尔茨. 改造传统农业 [M]. 北京：商务印书馆，1987：4.
[2] 徐勇，等. 中国农民状况发展报告2012（经济卷）[M]. 北京：北京大学出版社，2013：84.

三、农业劳动力产业经营能力培育的路径

党的十八大以来尤其是党的十九大首次提出乡村振兴战略以来,党中央将产业振兴放在了乡村"五大"振兴之首,出台了一系列政策,明确提出要"以完善利益联结机制为核心,以制度、技术和商业模式创新为动力,推进农村一、二、三产业交叉融合,加快发展根植于农业农村、由当地农民主办、彰显地域特色和乡村价值的产业体系,推动乡村产业全面振兴"。推进乡村产业振兴的核心在于提升农业劳动力和农业生产主体的经营能力,也就是说产业振兴的关键是"乡村人"的振兴。针对调研分析出来的制约因素,我们认为当前培育农业劳动力产业经营能力应从以下三方面着力。

(一)在推动产业深度融合中提升农业劳动力产业经营能力

当前传统单一的农业产业几乎不存在了,围绕农业产前、产中、产后的产业链条越来越长。与此同时,各种非农生产要素不断向农业领域融入,也一定程度稀释了农业产业的单一度。农业劳动力应看到当前产业融合发展的历史趋势和市场向度,及时转变观念,积极融入农业现代化产业体系。一是赋予传统农业产业新价值。主要是围绕农产品生产加工、乡村生态产品生产与服务供给,增加传统农业产品尤其是主粮产品的附加值。二是赋予农业产业新功能。主要是结合各地农村自然和人文资源禀赋,深入发掘农业农村的生态涵养、休闲观光、文化体验、健康养老等多种功能和多重价值,改变单一化生产经营模式。三是培育农村新产业。主要围绕绿色农业、生态农业、可持续农业,利用现代农业科学技术,培育农业现代供应链主体,使农业劳动力在新产业发展中提升现代经营意识和能力。四是培育农业新载体。主要通过现代电商产业联盟、农业产业化联合体等新型产业主体带动作用,引导农业劳动力在参与产业化经营过程中提升现代经营意识和能力。

(二) 在激发创新创业活力中提升农业劳动力产业经营能力

传统农业劳动力几乎不参与农业创新，属于"被动受用型"农民。《中共中央 国务院关于实施乡村振兴战略的意见》和《乡村振兴战略规划（2018—2022年）》对激发农村创新创业活力列出专章进行部署，不仅为未来农业劳动力发展指明了方向，而且对提升农业劳动力经营能力也提出了具体化的要求。从数据上看，截至2021年我国农村常住人口4.98亿人、占总人口的35.28%，农业就业人数1.7亿人、占就业总人数的22.86%。2021年至2022年由于二、三产业发展速度放缓，企业用工人数锐减，导致了外出农业人口的大量回流。因此，无论是从农业长远发展角度还是从农业劳动力整体稳定角度，都必须培育农业劳动力经营能力以激发农村创新创业活力。一是壮大创业群体，鼓励企事业单位加速资金、技术和服务扩散，使返乡创业农业劳动力有更多有效要素支持。特别是要落实《乡村振兴战略规划（2018—2022年）》，深入推行科技特派员制度，引导科技、信息、资金、管理等现代生产要素向乡村集聚。二是完善创业服务体系。各级政府要开展政策、资金、法律、知识产权、财务、商标等专业化服务，建立农业企业创新创业实训基地、众创空间、"星创天地"。三是健全创业激励机制，通过财政扶持、专项资金投入等，把返乡下乡人员开展农业适度规模经营所需贷款按规定纳入全国农业信贷担保体系支持范围。

(三) 在优化"互联网+农业"模式中提升农业劳动力产业经营能力

随着"互联网+"对现代市场的作用越来越强，农业劳动力市场掀起了"互联网+"模式的学习热潮。据相关部门估算，互联网在农业领域的运用，一年每亩地劳动力投入减少10个工作日，生产者劳动强度可降低20%左右，年均节约人工费用20%及以上。年均节水、节肥、节药10%及以上。同时，"互联网+农业"的广泛应用，使农产品全程可追溯成为可能，在进行全程数据采集、监测过程中，消费者最关心的安全问题得到了全面保障。如果农业劳动力在产业经营中对"互联网+农业"发展趋势认识不清，必将影响产业整体收益率。当前，一方面应结合"互联网+"模式实现农业资源在全国范围内的调度，提升市场竞争力，有效地促进了农产品在全国范围内的流通，另一方面应加强互联网商业模式培训力度，尤其是对现代电商的营销模式、营销技术、营销策略和技术支持等进行培训。

第三节 农业劳动力参与乡村治理的状况与能力提升策略

党的十八大以来，党和国家高度重视乡村治理工作，按照"自治、法治、德治"相结合的原则，出台了一系列政策制度，逐步形成了"党委领导、政府负责、社会协同、公众参与、法治保障、科技支撑"的现代乡村社会治理体制和共建共治共享的乡村社会治理格局。当前，中国特色乡村治理道路的宏观政策和建设框架已经基本形成，即外部条件已经具备，亟须激发农业劳动力参与乡村治理的内生动力来提升长效性乡村治理的质量和水平。这既是乡村治理的必然要求，也是农业劳动力政治参与素质提升的重要渠道。

一、样本村庄的乡村治理模式与农业劳动力参与状况

关于乡村治理模式，有学者梳理归纳了九种基本类型，即村民议事参与型、乡土文化引导型、多元主体带动型、数智应用管服型、便民代办服务型、积分评价管理型、产业融合互促型、城乡融合推动型和片区联动共富型。① 我们依据学界前期研究成果并结合实际调研数据对农业

---

① 徐旭初，吴彬，金建东，等. 我国乡村治理的典型模式及优化路径[J]. 农村工作通讯，2022（04）：40-42.

劳动力乡村治理参与状况进行了研究分析。

调研样本涉及河北、河南、江苏、山东、湖北5个省份共114个行政村的1400个农户,对缺失和无效样本进行剔除,最后选出82个行政村的1223户户主进行样本分析。此调研共发放调查问卷1400份,收回1240份,有效问卷1223份。

表6-10 样本农户基本情况

样本年龄	样本数	占比	受教育程度				
			文盲	小学	初中	高中	大专及以上
18—30岁	431	35.24	0	26	222	119	64
31—40岁	220	17.98	2	61	63	58	36
41—50岁	244	19.95	2	81	102	41	18
51—60岁	216	17.66	7	125	57	22	5
60岁以上	112	9.15	19	52	31	9	1

表6-11 样本农户家庭构成情况

样本家庭	量数(户)	占比(%)
核心家庭	336	27.47
主干家庭	129	10.54
离散家庭	675	55.19
扩大家庭	83	6.78

根据调研数据统计需要,课题组将调研维度按四个变量进行规划设计:第一,社会因素变量。核心包括村庄地理位置、历史传统、经济状况、村民乡村组织认知与参与情况等,第二,参与程度变量。包括参与的类别、参与的程度及发挥的作用等,第三,控制变量。包括村民主体参与能力、家庭特征、村庄政治组织情况等。通过数据定义与变量设置并在SPSS分析工具的帮助下,得到如下简要关键分析数据,见表6-12、表6-13。

表6-12 样本农户参与治理载荷矩阵分析

指标	政治认同	社会认同	村庄认同	村组信任	组织参与
是否参与选举	0.055	0.040	0.952	0.988	0.236
是否了解村庄事务	0.668	0.081	0.411	0.343	0.217
是否参与村庄事务监督	0.836	0.002	0.051	0.074	0.098
是否参与村庄互助组织	0.215	0.222	0.656	0.884	0.725
是否在治理参与中存在纠纷	0.012	0.251	0.277	0.425	0.129
对村两委是否满意	0.051	0.064	0.174	0.283	0.079

表6-13 样本农户乡村治理参与的主要标的项目回归值

指标	道路	水利	文化设施	教育设施	医疗卫生	经济发展
户主年龄	0.0016	0.0014	0.0085	0.0073	0.0180	0.0285*
户主教育程度	0.0092	0.64E-02	0.0481	0.0183**	0.0346	0.0457**

第六章 现代农业劳动力经营管理和治理参与素质培育

续表

指标	道路	水利	文化设施	教育设施	医疗卫生	经济发展
家庭经济状况	1.41E-09	1.63E-08	2.80E-07	2.01E-08	2.20E-07	2.63E-08
是否召开大会	0.0013	0.0004	0.0018	0.0055	0.1015	0.4006
是否为村民代表	0.0022	0.0004	0.0182	0.0271*	0.0380*	0.0481**
是否参与讨论	0.0042*	0.0237	0.0086**	0.1240	0.3139***	0.5832***
是否参与实施	0.0207	0.0163	0.0187	0.0282	1.48E-02	1.10E-03
是否了解预算	0.0060	0.0133	0.0186	0.0240	0.0149	0.0837
是否参与筹资	0.0909	0.0767	0.1094	0.0077	0.0837	0.0313
是否参与监督	0.0027	0.0011*	0.0280	0.0474*	0.0335**	0.0683*
对标的项目实施满意程度	0.8309*	0.3761**	0.5192	0.5779*	0.8839	0.9017***
对村级互助组织参与的满意程度	0.2312*	0.1777*	0.2185**	0.6156	0.7438	0.8819**
对乡村治理后续参与意愿	0.1401	0.0765**	0.1097	0.2712**	0.3817	0.4637*

注：***、**、*分别代表"10%""5%""1%"以下显著。

从以上分析数据可以看出，农户对乡村治理的认知与参与程度受三个因素影响较大：第一，利益关联程度，即对家庭自身利益或发展需要具有直接关联的利益参与程度较深，而间接关联或无关联的利益则参与少或不参与；第二，资金来源，即需要融资或集资的标的项目参与度不高，而对不需要家庭出资或出资较小的项目参与度比较高；第三，村庄自然禀赋与社会禀赋，即地理位置优越或经济状况较好的村庄，村民的参与度较高，而自然禀赋较差或村庄社会关系复杂、历史文化传统不良的村庄，村民的参与度不高。

二、农业劳动力乡村治理参与能力培育存在的问题及原因

通过以上数据分析可以看出，农业劳动力乡村治理参与能力受到多重因素影响。虽然近些年我国乡村治理整体呈现向好趋势，但就农户和农业劳动力个体而言还存在一些问题。

(一) 农业劳动力权利辨识能力不足

梁漱溟认为，我国乡村社会是典型的伦理本位而不是权利本位的社会，"家庭诚非中国所独有；而以缺乏集团生活，团体与个人的关系轻松若无物，家庭关系就特别显露出来……伦理关系即情谊关系，也即表示相互间的一种义务关系。集团生活中每课其分子以义务，那是硬性的、机械的；而这是软性的、自由的。在集团生活中发达了纪律，讲法不讲情；在这种生活中发达了情理，而纪律不足"[①]。梁漱溟这里所讲的纪律不足就包含着权利意识不足。一方面，我国传统乡村治权的长期影响，致使农业劳动力在乡村生活中缺少民主权利习惯，因而权利辨识能力较弱。权利辨识能力弱化又导致了乡村治理参与的冷漠，在乡村公共生活中农业劳动力并不重视和珍惜本该属于自己行使权利的治理参与机会。另一方面，由于在乡村治理教育和民众治理参与引导中，过分强调对集体的贡献和义务的履行，而忽视乡民的权利享有和保障，必然引起乡民对治理参与的逆反心理和厌恶倾向。这种心理环境势必导致乡民对治理参与的逃避或者是"被动型"参与。

(二) 农业劳动力主体意识不强

乡村社会具有自发性和原生性特征，乡民因文化程度普遍不高而对现代乡村治理存在着认识偏差，而传统单向灌输模式并不强调乡民对治

[①] 梁漱溟. 乡村建设理论 [M]. 上海：上海人民出版社，2011：26.

理内容的意见反馈，致使乡民在接受过程中充当的是"乡村治理信息接收器"的角色。这种忽视乡民主体自由意志选择的尊重和满足，很难引起乡民对其内容产生兴趣和学习热情。同时，农业劳动力主体意志在乡村公共事务参与中时常得不到有效回应，且与其乡村生活和家庭利益并无直接关联，进一步弱化了农业劳动力在乡村治理中主体地位的自我认同和彰显，因而很难形成对乡村治理活动的归属感和参与其中的责任感。

（三）农业劳动力参与治理实践的能力亟待增强

在传统治理观念中，乡民治理参与知识来自乡村各类思想政治教育和伦理规范教育，其显著特征是把对治理知识的占有等同于治理能力，强调的是一种思维领域的治理知识扩充。然而，事实上单纯对治理知识的占有，并不代表着对治理知识的认同和内化。从这个角度可以推论出"治理知识"是合格乡村治理人的必备条件，但并不是充要条件。乡村社会的发展呼唤乡民的广泛治理参与，然而乡民治理参与实践技能的缺乏，比如，对选票规范填写的了解、对民主选举程序的理解、对差额候选人设置的认可程度等，这些与具体的民主选举息息相关的细节技能都将影响到乡民参与治理活动的热情。同时，乡村治理在诸多具体事务中表现的是一种乡村治权，是与乡村公共生活息息相关的公共权力行使，所以给乡民留下的普遍感觉是"乡村治理是居于普通百姓生活之上的村干部的事"。因此，乡民对待乡村治理的态度往往会"敬而远之""事不关己，高高挂起"。

（四）农业劳动力治理参与渠道不畅通

美国政治学家戴维·伊斯顿认为，如果公民的话语权受到限制，公民的参政渠道少并且不畅通的话，那么必将导致公民政治参与的无效化。因此他在《政治生活的系统分析》一书中强调要畅通公民的参政渠道。① 目前，我国乡村治理参与渠道虽然通过相关法律法规进行了明确，但在具体执行中出现了较大偏差。一是乡民治理参与表达渠道难以畅通，缺乏直接传输治理诉求的有效桥梁，并且通过各级层层上传的方式表达乡民治理诉求的方式容易引起其"失真性"。在多元化乡村运行机制下，乡民治理参与渠道的多少及其畅通程度与乡民的治理参与机会成正比。实践中的治理参与渠道狭窄，致使公民的选举权、监督权、决策权、管理权等民主权利难以真正实施。这也是乡民治理参与冷漠的原因之一。二是治理参与机会成本的不划算。所谓的"机会成本"是指选择做某一件事得放弃做另一件事所应该得到的最大化的利益。利益得失及其大小的权衡是乡民选择是否参与治理的重要考量因素。对乡民来说治理参与需要付出特定的时间和代价，所以在同等条件下，假如利益诱惑或者说动力小而他们又能通过经济活动或者其他方式实现相同利益的话，那么其选择治理参与的可能性就很小。同时，他们对于一些特定治理权利行使范围和条件，常常把处于经济地位弱势的群体排除在外，使得弱势群体的乡民更倾向于投身能直接带来经济利益的领域而非乡村公共治理。

三、农业劳动力乡村治理参与能力培养的策略

实现乡村有效治理是乡村振兴的重要内容和必然要求。2019年6月，中共中央办公厅、国务院办公厅印发的《关于加强和改进乡村治理的指导意见》，明确提出了2035年乡村治理的远景目标，即乡村公共服务、公共管理、公共安全保障水平显著提高，党组织领导的自治、法治、德治相结合的乡村治理体系更加完善，乡村社会治理有效、充满活力、和谐有序，乡村治理体系和治理能力基本实现现代化。农业劳动力既是乡村治理的受益者，也是参与者，是治理过程中不可或缺的能动主

---

① [美]戴维·伊斯顿.政治生活的系统分析[M].北京：华夏出版社，1989：13.

体。因此，提升农业劳动力乡村治理参与能力对于实现乡村善治具有无比重要的作用。

（一）培育农业劳动力乡村治理参与能力必须彰显其主体地位和价值

《中华人民共和国宪法》明确规定："人民依照法律规定，通过各种途径和形式，管理国家事务，管理经济和文化事业，管理社会事务。"由此可见，参与社会事务管理既是公民法定的权利，也彰显了以人为本的理性价值。从更普遍的意义上讲，强调公民参与社会事务管理的合法权利既是一个国家民主化程度高的体现，也是一个国家文明程度高的体现。彰显农业劳动力在乡村治理中的主体地位和价值必须维护其合法权利。宪法和法律赋予了每一位国民平等的身份——公民，公民身份不仅仅是一种法治意义上的平等，更应是一种实际享有权利的平等。当前，在我国现有法律制度体系中农业劳动力的主体地位得到了明确保障，但能否在实践中充分行使是一个重大现实问题。这要求：第一，应将乡村行政权力与乡民自治权利进行边界划分，把本应或能够让乡民自己解决的治理问题赋权给乡民或乡村自治组织。这样既可以节约行政成本，也可以扩大乡民主体权利和参与热情。第二，尊重乡民对乡村事务管理的方式和途径。在不违背法律法规和乡村公序良俗的基础上，各级行政权力主体应充分遵守乡民行使乡村自治权利的方式方法，鼓励其创新有效治理形式、提升治理效能。第三，充分保障乡民直接行使治理的权利。习近平总书记在2013年中央农村工作会议上强调："要扩大农村基层民主、保证农民直接行使民主权利，重点健全农村基层民主选举、民主决策、民主管理、民主监督的机制。"[①] 据统计，截至2021年全国共有691510个行政村，261.7万个自然村，党组织覆盖率达到99.9%。乡村党政管理机构的建立对于加大国家政治权力下沉力度，维护乡村整

---

① 十八大以来重要文献选编：上［M］．北京：中央文献出版社，2014：685.

体利益和长远发展具有重大意义。当前，在法律保障下，应着力扩大农村基层民主范围，保证各类民主权利得以有效实施。

(二) 培育农业劳动力乡村治理参与能力必须提升主体参与意识自觉

农业劳动力治理参与意识自觉是其主体能动性的体现。一般来讲，治理参与意识自觉主要包括乡民的参与自觉、责权自觉、法治自觉、监督自觉和道德自觉等。在诸多的意识自觉中，参与自觉最能体现乡民的主体性。参与乡村社会治理是法律赋予乡民神圣不可侵犯的权利，随着乡村社会从政府一元治理转向政府、社会组织、社区组织、社会公众等多元治理，乡民参与乡村社会治理已经成为时代不可逆转的趋势。然而，参与权的实现不仅要靠法律的赋权更有赖于乡民自觉参与意识的提升。第一，政府应当引导乡民认可乡村社会共同利益，使乡民充分认识参与乡村社会治理的最终结果是为了更好地实现和保护自身利益；第二，政府应当为乡民提供参与决策管理的平台，不断扩大乡民对乡村社会事务的知情权和话语权；第三，尊重和保护公民参与乡村社会组织、管理乡村社会事务的权利和积极性；第四，保障乡民参与政府管理社会事务的监督主体权和绩效评价权，使政府管理社会的行为能自觉接受农民的监督和评价，充分体现"权为民所用、利为民所谋"的政治承诺。

(三) 培育农业劳动力乡村治理参与能力必须优化乡村社会环境

一般来讲，乡村社会环境主要有三个层面的内容，即思想教育环境、乡风文明环境、道德法治环境。这三个方面分别从主体接受、环境共同体、组织约束等角度规范了乡民参与乡村社会治理的维度。这里着重强调乡村思想教育环境，它主要是通过主流意识形态的教育与弘扬，使乡村社会具有正确的价值导向，使乡民在政治思想、道德修养等方面与乡村社会治理的内在要求达到契合与统一。当前，要使乡民治理参与意识自觉符合我国乡村社会治理的本质要求，应从四个层面着手：其一是大力强化马克思主义主流意识形态教育，消弭西化思想文化对乡村文明生活的影响与渗透；其二是增强乡民对社会公共权利合法性的认同教育，使乡民自觉服从国家公共权力的管理与约束；其三是对乡民进行社会主义核心价值教育，使乡民遵循核心价值要求以规范自我行为；其四是大力加强社会公德和公共精神的构建与塑造，使乡民的道德修养与公共意识具有价值的内在统一性和实践的相互协同性。

余 论

"未来农业"的未来在高素质农业劳动力

习近平总书记在2021中央农村工作会议上指出:"保障好初级产品供给是一个重大战略性问题,中国人的饭碗任何时候都要牢牢端在自己手中,饭碗主要装中国粮。"[1] 同时,他还指出:"要加大人力资本投入,提升教育质量,加强职业教育和技能培训,提高劳动者素质,更好适应高质量发展需要。"[2] 这就要求保障初级产品供给、端好端牢中国人的饭碗必须把农业放在优先发展的战略位置上,而要推进农业优先发展战略就必须把培育高素质农业劳动力放在首位。

改革开放以来,我国经济增长率年均超过9%。不可否认,二、三产业对经济增长的贡献率越来越高。据统计,1978—2017年的40年时间里,其中有17个年份工业对GDP增长的贡献率超过50%(有3个年份超过60%),贡献率小于30%的年份只有9个,另有14个年份工业对GDP增长贡献率介于40%—50%[3],2020年和2021年对GDP增长的贡献率虽然较以前有所下降但始终保持在36.5%以上。而服务业的贡献率由1978年的几乎为零快速增长到2021年的53%。相比较而言,农业对经济增长的贡献率却大幅度减少。农业贡献率的降低,一方面从外部讲是由于二、三产业与一产比率差距的不断加大造成的,另一方面从内部

---

[1] 习近平. 正确认识和把握我国发展重大理论和实践问题[J]. 求是,2022(10):4-10.

[2] 习近平. 正确认识和把握我国发展重大理论和实践问题[J]. 求是,2022(10):4-10.

[3] 郭朝先. 改革开放40年中国工业发展主要成就与基本经验[J]. 北京工业大学学报,2018(06):1-11.

讲是由于优质农业劳动力的大量流出（农业劳动力转移）造成的。统计数据显示，2021年我国农业就业人数约为1.7亿，占总就业人数的22.8%，而二、三产业就业人数约为6.1亿，占比高达74.9%，农业劳动力比改革开放初期的1978年下降了47%。因此，从农业发展进程来看，"未来农业"的未来必须依靠高素质农业劳动力来实现。

考察人类社会农业发展史，我们认为可以将之划分为四个阶段，即原始农业阶段、传统农业阶段、现代农业阶段和未来农业阶段。每个农业发展阶段划分的标志或者说决定性因素有两个：一个是劳动力状况及其在农业生产中的地位与功能，另一个是以土地变革为主的农业生产资料的占有与使用情况。自16世纪资本主义萌芽开始，重商主义逐渐取代了传统的重农主义，工商业展现的强大创富能力不仅使传统农业黯然失色，而且将庞大的社会资本和劳动力急剧吸纳到自己周围。而社会资本与劳动力的转移又进一步加剧了传统农业的衰落，在整个社会分工体系中越来越处于劣势地位。马克思曾对此进行过生动描述："资产阶级曾使农村屈服于城市的统治。它创立了巨大的城市，使城市人口比农村人口大大增加起来，因而使很大一部分居民脱离了农村生活的愚昧状态。正像它使农村从属于城市一样，它使未开化和半开化的国家从属于文明的国家，使农民的民族从属于资产阶级的民族，使东方从属于西方。"[①] 在工商业文明越位于农业文明时，对农业文明的批判逐渐上升为主流。主流西方经济学派从财富增长和劳动效率方面，提出了以工商业发展为中心的发展战略，普遍认为，农业是停滞的、农民是愚昧的、农村是落后的，农业对经济发展的贡献度、对财富增长的供给率微不足道，因此其存在的价值只能是为工商业提供劳动力储备、市场和资金。一句话，工商业是社会经济的中心，而农业只能是工商业的附庸。亚当·斯密在《国富论》中就曾这样解释道："农业由于它的性质，不能

---

① 马克思恩格斯文集：第2卷[M]. 北京：人民出版社，2009：36.

有像制造业那样细密的分工，各种工作，不能像制造业那样判然分立。……现在最富裕的国家，固然在农业和制造业上都优于邻国，但制造业方面的优越程度，必定大于农业方面的优越程度。"① 由此看来，传统农业势必要走向不可复归的"消亡之路"，还是要在工商业的夹缝中"勉强生存"，抑或要通过一场史无前例的"农业革命"而走向现代农业。以孟德拉斯、舒尔茨等为代表的现代农业学派对这些问题进行了深刻系统的思考，提出了"小农终结"和"改造传统农业"的农业发展主张。他们一方面论证了农业存在的合理性和必要性，另一方面提出了现代农业发展的策略和未来农业发展的趋势。认为，"从'小农'（paysan）到'农业生产者'（agriculteur）或'农场主'（fermier）的变迁，是一次巨大的社会革命。在一个传统的农业社会转变为工业社会和后工业社会的过程中，农民的绝对数量和人口比例都会大幅度减少，但农业的绝对产出量并不会因此大幅度减少"，传统农业让位于现代农业并不是农业终结或乡村终结，"无论社会怎样发展，无论乡村怎样变化，农民不会无限地减少，作为基本生活必需品原料的生产供应者——农业的从业者——也不会消失"②。随着工业产品的农业化尤其是工业资本向传统农业领域渗透，传统农业已经无可避免地被裹挟到产业革命的浪潮中来了。与其被动接受改造，不如主动自我改造。舒尔茨提出，改造传统农业的关键是引入现代农业生产要素，重点有三：建立适于传统农业改造的制度；依据供给与需求的关系为引入现代生产要素创设条件；对农民进行人力资本投资。

由此，我们可以大胆地得出如下结论：现代农业已经不再是单纯意义上的农业，而是工业化的农业，是被深深熔铸了工业基因的农业。无论是生产方式、生产资料，还是参与生产的劳动力都已经被工业重塑并

---

① [英] 亚当·斯密. 国富论 [M]. 北京：商务印书馆，2021：5.
② [法] H. 孟德拉斯. 农民的终结 [M]. 北京：社会科学文献出版社，2009：2.

定型。工业化的农业或者说农业的工业化说到底是人类按照工业规模、工业贡献、工业分工、工业要素对传统农业的扬弃。归结为一句话，就是按照工业的模样再造出来的农业，这就是所谓的现代农业。钱学森认为，21世纪是地理系统建设的世纪。信息革命是20世纪50年代以来开启的第五次产业革命，而以知识密集型农业为核心的第六次产业革命即将到来。① 基于这个判断，我们也可以大胆设想，"第六次产业革命"的到来之际也将是"未来农业"的诞生之际。在那时，现代农业必将让位于"未来农业"。

关于"未来农业"，我们有以下四个基本判断。

第一，"未来农业"不是对传统农业的复归。舒尔茨曾将传统农业界定为一个经济概念，认为"完全以农业世代使用的各种生产要素为基础的农业可以称之为传统农业"，因此从经济分析角度来讲，"传统农业应该被作为一种特殊类型的经济均衡状态"②。这个定义只是从局部功能角度解释了传统农业，而不能反映传统农业的全貌和本质。恩格斯曾指出，"农业是整个古代世界的决定性的生产部门"③。这说明，传统农业在本质上是社会分工处于弱小阶段的产物，人们依靠简陋的工具和有限的劳动能力对土地、作物进行改造，并以此增加"天然产物生产的数量"。传统农业阶段人们直接生活资料的生产和再生产能力都比较弱，因此不允许在农业生产内部进行更加细化的社会分工。对此，恩格斯在《家庭、私有制和国家的起源》中进行了详细的考察和论证。"未来农业"不复归于传统农业，并不代表着它是在彻底抛弃传统农业之外产生的"断源性"农业。恰恰相反，它是扎根于传统农业生产系统中的。这主要体现在三个方面，即对传统农业生产资料的继承和发

---

① 温铁军，等. 从农业1.0到农业4.0——生态转型与农业可持续[M]. 北京：东方出版社，2021：14.
② [美]西奥多·W. 舒尔茨. 改造传统农业[M]. 北京：商务印书馆，1987：3.
③ 马克思恩格斯文集：第4卷[M]. 北京：人民出版社，2009：168.

展、对传统农业劳动力的改造、对传统农业生产经验的吸收和借鉴。

第二,"未来农业"是可持续性农业。有学者曾对"未来农业"进行过这样的界定:"未来农业的发展是一个多元化、综合学科交叉而不断衍生的农业,它以生产力的最大化发挥,以生态可循环持续为主题,最大化地为人类供应生产生活所需的农产品,成为未来人类发展的主要食物支持系统。"[①] 这里有一个界定是十分重要的,即可持续性。相对于工业化的农业的非理性和"负外部性","未来农业"将是一场极为深刻系统的农业"绿色革命"。到那时,大量对土地、种子、生态等农业生产要素破坏极大的现代工业产品将被抛弃或得到根本性改造,农业发展也将恢复其自身发展规律所规定的状态,即可持续状态和更加友好的状态。

第三,"未来农业"是开放、多元的农业。"未来农业"的开放性、多元性体现在它对各类生产要素的接纳和转化上。相比较来看,传统农业属于封闭性农业(既有外在客观条件的限制性封闭,也有劳动主体的主观性封闭)。各类外部积极性生产要素很难被接收,即便接收,其改造的时间也十分漫长,这是传统农业长期得不到快速发展的主要原因。现代农业则属于"无规制"开放性农业,各类生产要素包括大量有害的、消极的甚至可能扼杀农业发展的要素几乎毫无障碍地进入了农业生产。不仅破坏了农业生产系统和农业发展规律,而且使农业彻底沦为现代工业的附庸。而"未来农业"是具有自我主导性、选择性的开放农业,它只汲取对自身发展有利的因素并对其进行合理化改造,从而使农业与工业、其他产业拥有了平等的地位和可对话的权利。

第四,"未来农业"是高素质农业劳动力主导的农业。有人称"未来农业"为智慧农业或知识密集型农业,但无论怎样界定,核心都需

---

① 中央军委后勤保障部军需能源局. 未来农业[M]. 北京:解放军出版社,2016:219.

要高素质的农业劳动力来实现。到那时，"未来农业"的发展并不需要像传统农业那样通过劳动密集来实现，也就是说它不需要通过人的"量"而是通过人的"质"来完成。高素质农业劳动力在"未来农业"中的主导地位将体现在两方面，即对农业发展规律不再盲目，而是能够熟练地掌握和自觉地运用；对农业生产要素的科学化使用和对农业生产过程的信息化管理。

　　魁奈讲，"一切有利于农业的事，也有利于国家和国民"[①]。对农业发展的重视也就是对人类未来的重视，虽然"未来农业"还是美好的愿景与蓝图，但期望着通过越来越多高素质农业劳动力的参与，这个美好愿景与蓝图能够早日实现。

---

① ［法］弗朗斯瓦·魁奈. 农业与手工业［M］. 北京：商务出版社，2021：3.

附 录

改革开放以来重大涉农政策大事记

1977年11月,安徽省委从调整农村政策入手,制定了《关于当前农村经济政策几个问题的规定(试行草案)》(简称"省委六条")。1978年2月,四川省委制定了《关于目前农村经济政策几个主要问题的规定》(简称"十二条")。这两份文件开启了农村改革的序幕。

1978年12月22日,十一届三中全会讨论了加快农业生产的问题并原则上通过了《中共中央关于加快农业发展若干问题的决定(草案)》《农村人民公社工作条例(试行草案)》。

1979年7月3日,国务院印发《关于发展社队企业若干问题的规定(试行草案)》。

1979年9月28日,十一届四中全会审议通过《关于加快农业发展若干问题的决定》,提出了发展农业生产力的25项政策和措施。

1980年9月27日,中共中央印发《关于进一步加强和完善农业生产责任制的几个问题》的会议纪要。明确规定"可以包产到户,也可以包干到户"。在党中央的推动下,农村联产承包责任制迅速发展,到1981年年底,全国农村90%以上的生产队建立了不同形式的农业生产责任制。

1980年12月25日,邓小平在《贯彻调整方针,保证安定团结》中提出:我国农业现代化,不能照抄西方国家或苏联一类国家的办法,要走出一条在社会主义制度下合乎中国情况的道路。

1981年2月23日,国家科委党组呈报国务院《关于我国科学技术发展方针的汇报提纲》。提出要制定有关农业的重大技术政策。

1981年3月30日，中共中央、国务院转发国家农委《关于积极发展农村多种经营的报告》的通知。通知提出了"决不放松粮食生产、积极开展多种经营"的方针等。

1981年10月17日，中共中央、国务院印发《关于广开门路，搞活经济，解决城镇就业问题的若干决定》。提出在一段时期内，逐步形成一套有利于发展国民经济和改善人民生活的劳动就业制度，严格控制农村劳动力流入城镇。

1982年1月1日，中共中央批转《全国农村工作会议纪要》。指出我国农业必须坚持社会主义集体化的道路，土地等基本生产资料公有制是长期不变的，集体经济要建立生产责任制也是长期不变的。

1982年12月4日，五届全国人大五次会议通过并公布施行经全面修改后的《中华人民共和国宪法》。关于农村的修改内容：改变农村人民公社"政社合一"的体制，设立乡政权。

1982年12月17日，国务院批转《公安部关于解决有关农村落户问题的请示》。

1983年1月2日，中共中央印发《当前农村经济政策的若干问题》。阐明了要按照我国国情，逐步实现农业的经济结构改革、体制改革和技术改革，走出一条具有中国特色的社会主义的农业发展道路等14个问题。

1983年1月20日，中共中央发出《关于加强农村思想政治工作的通知》。

1983年2月11日，国务院批转《国家体改委、商业部关于改革农村商业流通体制若干问题的试行规定》。

1983年5月6日，中共中央、国务院发出《关于加强和改革农村学校教育若干问题的通知》。提出农村学校的任务主要是提高新一代和广大农村劳动者的文化科学水平；普及初等教育；改革农村中等教育结构，发展职业技术教育。有关高等学校要为农村培养和输送专门人才。

5月9日,教育部、劳动人事部、财政部、国家计委联合发出《关于改革城市中等教育结构、发展职业技术教育的意见》,指出当前要改革城市中等教育结构、发展职业技术教育。

1983年10月12日,中共中央、国务院发出《关于实行政社分开,建立乡政府的通知》,该文件的发布标志着长达25年的人民公社制度的终结。

1984年1月1日,中共中央发出《关于一九八四年农村工作的通知》。工作重点是:在稳定和完善生产责任制的基础上,提高生产水平,疏通流通渠道,发展商品生产。

1984年1月16日至26日,农牧渔业部召开全国农业工作会议。

1984年3月1日,中共中央、国务院转发农牧渔业部《关于开创社队企业新局面的报告》并发出通知。同意该报告提出的将社队企业名称改为乡镇企业的建议。

1984年7月19日,国务院批转国家体改委、商业部、农牧渔业部《关于进一步做好农村商品流通工作的报告》。提出要在坚持计划经济为主、市场调节为辅的原则下,积极发展多渠道经营,鼓励农民进入流通领域。

1984年8月6日,国务院批转中国农业银行《关于改革信用合作社管理体制的报告》并发出通知。指出,要通过改革,恢复和加强信用合作社组织上的群众性、管理上的民主性、经营上的灵活性,在国家方针、政策指导下,实行独立经营、独立核算、自负盈亏,充分发挥民间借贷的作用。

1984年9月29日,中共中央、国务院发出《关于帮助贫困地区尽快改变面貌的通知》。提出增加智力投资等六个方面的措施和要求。

1984年10月13日,国务院发出《关于农民进入集镇落户问题的通知》。

1984年10月20日,中共十二届三中全会召开。这次会议标志着改革开始由农村走向城市和整个经济领域,由此中国的经济体制改革进入了第二阶段,即改革的展开阶段。

1985年1月1日,中共中央、国务院印发《关于进一步活跃农村经济的十项政策》。

1985年4月26日,国务院批转民政部等部门《关于扶持农村贫困户发展生产治穷致富的请示》,并发出通知。指出,扶持一千四百万农村贫困户要贯彻自力更生原则,并辅以国家和社会的积极帮助。

1985年5月17日,国务院批转财政部《关于农业税改为按粮食"倒三七"比例价折征代金问题的请示》。农业税由征粮为主改为折征代金,这是我国农业税征收工作的一项重要改革。6月1日,国务院批转国家物价局《关于价格改革出台情况及稳定物价措施的报告》。

1985年9月15日,《人民日报》报道国家科委制定的《关于抓一批"短、平、快"科技项目,促进地方经济振兴》的"星火计划"。

1985年11月24日,中共中央整党工作指导委员会发出《关于农村整党工作部署的通知》。

1986年1月1日,中共中央、国务院发布《关于一九八六年农村工作的部署》。总的要求是:落实政策,深入改革,改善农业生产条件,组织产前产后服务,推动农村经济持续稳定协调的发展。

1986年9月26日,中共中央、国务院发出了《关于加强农村基层政权建设工作的通知》。指出,全国农村人民公社政社分开、建立乡政府的工作已经全部结束。各地要进一步理顺农村党组织、政府和企业之间的关系。

1986年11月8日至12日,中共中央、国务院在北京召开中央农村工作会议。提出整个农村经济改革的根本出发点和目标是发展有计划的商品经济,建设具有中国特色的社会主义新农村。

1987年1月22日,中共中央发布《把农村改革引向深入》。同年9月中旬,我国已在十个省、自治区建立起十四个规模不等、项目不同的农村改革试验区，开始进行把已有改革成果制度化和探索改革新路子的实践。

1987年11月24日，第六届全国人民代表大会常务委员会第二十三次会议通过《中华人民共和国村民委员会组织法（试行）》。

1988年1月18日至26日，全国农业工作会议召开。提出，稳定经济首先要稳定农业，把农业切实摆到重要位置上来。

1988年11月2日至7日，中共中央、国务院在北京召开全国农村工作会议。提出农业是整个国民经济发展的最大制约因素。

1989年10月15日，国务院印发《关于大力开展农田水利基本建设的决定》。

1989年11月27日，国务院印发《关于依靠科技进步振兴农业加强农业科技成果推广工作的决定》。指出只有紧紧依靠科技进步，才能实现农业技术改造的深刻变革，我国农业现代化才有希望。

1990年6月3日，《中华人民共和国乡村集体所有制企业条例》正式颁布。这是国务院制定的第一部乡镇企业综合性的行政法规。

1990年8月5日至10日，经中共中央批准，中央组织部、中央政策研究室、民政部、共青团中央、全国妇联等在山东省莱西县（今山东省莱西市）联合召开全国村级组织建设工作座谈会。12月13日，中共中央批转《全国村级组织建设工作座谈会纪要》。

1990年9月16日，国务院印发《关于建立国家专项粮食储备制度的决定》。

1990年12月1日，中共中央、国务院发出《关于1991年农业和农村工作的通知》。要求继续把做好农业和农村工作摆在首位，认真抓好"稳定完善以家庭联产承包为主的责任制，建立健全农业社会化服务体系"等六项工作。

1991年1月18日至23日，全国农业工作会议召开。提出科技兴农是农业的希望所在，努力把科技、教育兴农这件大事继续向前推进一步。

1991年10月28日,国务院印发《关于加强农业社会化服务体系建设的通知》和《关于进一步搞活农产品流通的通知》。

1991年11月5日,国务院第92次常务会议通过《农民承担费用和劳务管理条例》。

1991年11月29日,中共十三届八中全会审议并通过《中共中央关于进一步加强农业和农村工作的决定》。

1992年2月12日,国务院印发《关于积极实行农科教结合推动农村经济发展的通知》。

1992年9月25日,国务院发出《关于发展高产优质高效农业的决定》。

1992年10月12日,江泽民在党的十四大上作《加快改革开放和现代化建设步伐,夺取有中国特色社会主义事业的更大胜利》的报告。提出农业是国民经济的基础,必须坚持把加强农业放在首位,全面振兴农村经济。

1993年3月29日,《中华人民共和国宪法修正案》将第八条第一款修改为:农村中的家庭联产承包为主的责任制和生产、供销、信用、消费等各种形式的合作经济,是社会主义劳动群众集体所有制经济。参加农村集体经济组织的劳动者,有权在法律规定的范围内经营自留地、自留山、家庭副业和饲养自留畜。

1993年8月20日,国务院第七次常务会议审议通过《九十年代农业发展纲要(草案)》。指出,坚持把加强农业放在首位是事关全局的头等大事。11月4日正式印发。

1993年10月18日至21日,中共中央召开农村工作会议。江泽民作题为《要始终高度重视农业、农村和农民问题》的讲话。会议讨论了《关于当前农业和农村经济发展的若干政策措施》。11月5日印发该文件。

1993年11月14日，中共中央印发《关于建立社会主义市场经济体制若干问题的决定》。提出要深化农村经济体制改革。

1993年12月25日，国务院下发《关于金融体制改革的决定》。提出要有步骤地组建农村合作银行。

1994年3月23日，中共中央召开农村工作会议。

1994年3月25日，国务院第十六次常务会议审议通过《九十年代国家产业政策纲要》。提出，大力发展农业和农村经济，增加农民收入，这是90年代我国经济发展的首要任务。4月12日，国务院印发《九十年代国家产业政策纲要》。

1994年4月10日，中共中央、国务院发出《关于1994年农业和农村工作的意见》。

1994年7月4日，国务院常务会议通过《基本农田保护条例》。根本目的是对基本农田实行特殊保护，以满足我国未来人口和国民经济发展对农产品的需求，为农业生产乃至国民经济的持续、稳定、快速发展起到保障作用。

1994年11月5日，中共中央发出《关于加强农村基层组织建设的通知》。

1995年2月27日，中共中央、国务院发布《关于深化供销合作社改革的决定》。

1995年2月24日至28日，中共中央和国务院召开农村工作会议。指出，重视和优先发展农业，是经济工作必须坚持的一个重要指导方针。

1995年3月11日，中共中央、国务院印发《关于做好一九九五年农业和农村工作的意见》。

1995年10月20日，中共中央办公厅、国务院办公厅转发《中央宣传部、农业部关于深入开展农村社会主义精神文明建设活动的若干意见》。

1996年1月5日至8日，中央农村工作会议召开。强调要坚持把加强农业放在发展国民经济的首位，稳定和完善党在农村的基本政策，深化农村改革，解决影响农业和农村经济发展的突出问题。

1996年1月21日，中共中央、国务院印发《关于"九五"时期和今年农村工作的主要任务和政策措施》。

1996年8月22日，国务院印发《关于农村金融体制改革的决定》。

1996年10月29日，中华人民共和国第八届全国人民代表大会常务委员会第二十二次会议通过《中华人民共和国乡镇企业法》。

1996年12月30日，中共中央、国务院发布《关于切实做好减轻农民负担工作的决定》。指出，农民负担重，势必妨碍国民经济和社会发展"九五"计划和二〇一〇年远景目标的实现，影响基层政权的巩固，危及国家的长治久安。

1997年2月3日，中共中央、国务院印发《关于一九九七年农业和农村工作的意见》。

1997年3月11日，中共中央、国务院转发农业部《关于我国乡镇企业情况和今后改革与发展意见的报告》。指出，党和国家对乡镇企业将实行"积极扶持，合理规划，分类指导，依法管理"的方针。

1997年4月15日，中共中央、国务院发出《关于进一步加强土地管理切实保护耕地的通知》。

1998年1月7日至9日，中央农村工作会议在北京举行。指出，农业是稳民心、安天下的战略产业，任何时候都要抓得很紧很紧。1月24日，中共中央、国务院印发《关于一九九八年农业和农村工作的意见》。

1998年4月18日，中共中央办公厅、国务院办公厅印发《关于在农村普遍实行村务公开和民主管理制度的通知》。

1998年5月4日，江泽民在中共十五届三中全会文件起草组会议上就《关于农业和农村工作若干重大问题的决定》的起草问题发表重要讲话。10月14日，中共十五届三中全会通过《关于农业和农村工作若干重大问题的决定》。

1998年5月10日，国务院印发《关于进一步深化粮食流通体制改革的决定》。

1998年9月25日，江泽民发表《全面推进农村改革，开创我国农业和农村工作新局面》的讲话。

1998年11月28日，国务院印发《关于深化棉花流通体制改革的决定》。

1998年12月24日，教育部印发《面向二十一世纪教育振兴行动计划》。提出积极发展职业教育和成人教育，培养大批高素质劳动者和初中级人才，尤其要加大教育为农业和农村工作服务的力度。

1998年12月24日，国务院常务会议通过修订后的《基本农田保护条例》。

1998年12月28日至30日，中央农村工作会议召开。提出要着力抓好增加农民收入和保持农村稳定这两件关系全局的大事。

1999年2月13日，中共中央印发《中国共产党农村基层组织工作条例》。

1999年3月15日，第九届全国人民代表大会第二次会议通过《中华人民共和国宪法修正案》。第八条第一款修改为："农村集体经济组织实行家庭承包经营为基础、统分结合的双层经营体制。农村中的生产、供销、信用、消费等各种形式的合作经济，是社会主义劳动群众集体所有制经济。参加农村集体经济组织的劳动者，有权在法律规定的范围内经营自留地、自留山、家庭副业和饲养自留畜。"

1999年6月13日，中共中央、国务院印发《关于深化教育改革全面推进素质教育的决定》。提出根据农村的实际条件和需要，运用现代远程教育网络为农村和边远地区提供适合当地需要的教育；进一步推进农科教结合，促进农村普通教育、成人教育和职业教育的统筹协调发展；采取灵活多样的教育培训形式，抓紧培养一大批农村亟须的实用技术推广人才、乡镇企业管理人才和医疗卫生人才。

1999年6月28日，中共中央、国务院印发《关于进一步加强扶贫开发工作的决定》。

1999年8月20日，中共中央、国务院印发《关于加强技术创新，发展高科技，实现产业化的决定》。提出要加强技术创新，加快农业和农村经济发展中关键技术的创新和推广应用，为我国农业现代化提供强有力的科技支撑。

1999年9月29日，中共中央印发《关于加强和改进思想政治工作的若干意见》。提出农村思想政治工作要结合奔小康、建设社会主义新农村来进行。

2000年1月16日，中共中央、国务院发布《关于做好2000年农业和农村工作的意见》。2000年，"三农"问题引起中央高度关注，中央开始在安徽等一些省份试行农村税费改革。

2000年1月，国务院第57次总理办公会议原则上议定农业税税率为7%，农业税附加的上限为20%。在此基础上，税费改革试点的主要内容概括为"三个取消，两个调整和一项改革"。3月2日，中共中央、国务院印发《关于进行农村税费改革试点工作的通知》。

2000年10月11日，中共十五届五中全会通过《中共中央关于制定国民经济和社会发展第十个五年计划的建议》。提出要加快农村土地制度法治化建设，长期稳定以家庭承包经营为基础、统分结合的双层经营体制。

2002年1月7日，中央农村工作会议闭幕。会议讨论通过了《中共中央、国务院关于做好2002年农业和农村工作的意见》。

2002年8月29日，第九届全国人大常委会第29次会议通过《中华人民共和国农村土地承包法》。明确规定，通过家庭承包取得的土地承包经营权可以依法采取转包、出租、互换、转让或者其他方式流转。

2002年12月28日，第九届全国人民代表大会常务委员会第三十一次会议通过了修订后的《中华人民共和国农业法》《中华人民共和国草原法》。

2003年，中央农村工作会议两次召开。与此同时，国务院办公厅转发《农业部等部门关于2003年减轻农民负担工作意见的通知》，下发《国务院办公厅关于进一步加强农村税费改革试点工作的通知》等文件。

2003年3月27日，国务院发布《关于全面推进农村税费改革试点的意见》。

2003年12月31日，中共中央、国务院下发《关于促进农民增加收入若干政策的意见》。

2004年10月21日，国务院发布《关于深化改革严格土地管理的决定》。

2004年12月31日，中共中央、国务院发布《关于进一步加强农村工作、提高农业综合生产能力若干政策的意见》。

2005年2月17日，国务院办公厅发布《关于进一步加强农村工作提高农业综合生产能力若干政策意见有关政策措施的通知》。

2005年12月，全国有28个省市免征了农业税。12月29日，十届全国人大常委会第十九次会议经表决，1958年6月3日通过的《中华人民共和国农业税条例》自2006年1月1日起废止。延续2000多年的农业税终于寿终正寝，2006年在全国范围内取消农业税后，中央为巩固农村税费改革成果，推进社会主义新农村建设，加快城乡统筹发展，开始实施"工业反哺农业、城市支持农村"的农村综合改革新战略。

2005年12月31日，中共中央、国务院发布《关于推进社会主义新农村建设的若干意见》。

2006年1月31日，国务院发布《关于解决农民工问题的若干意见》。提出建立保障农民工合法权益的政策体系和执法监督机制，建立惠及农民工的城乡公共服务体制和制度。

2006年8月31日，国务院发布《关于加强土地调控有关问题的通知》。

2006年10月8日，国务院发布《关于做好农村综合改革工作有关问题的通知》。

2006年12月31日，中央发布2007年"中央一号文件"《关于积极发展现代农业扎实推进社会主义新农村建设的若干意见》。

2007年5月28日，国务院公布《农民专业合作社登记管理条例》。

2007年8月9日，国务院发出《关于完善退耕还林政策的通知》。

2007年12月1日，国务院发布《中华人民共和国耕地占用税暂行条例》，12月30日，发布《关于严格执行有关农村集体建设用地法律和政策的通知》。

2007年12月31日，中共中央、国务院发布2008年"中央一号文件"《关于切实加强农业基础建设，进一步促进农业发展农民增收的若干意见》。重申要坚持农村基本经营制度，稳定土地承包关系，规范土地承包经营权流转，加快征地制度改革。

2008年6月8日，中共中央、国务院发出《关于全面推进集体林权制度改革的意见》。

2008年10月12日，中共十七届三中全会通过《关于推进农村改革发展若干重大问题的决定》。强调，确保国家粮食安全和主要农产品有效供给，促进农业增产、农民增收、农村繁荣，为经济社会全面协调可持续发展提供有力支撑。

2008年12月31日，中共中央、国务院发布2009年"中央一号文件"《关于2009年促进农业稳定发展农民持续增收的若干意见》。

2009年5月10日，国务院发布《关于当前稳定农业发展促进农民增收的意见》。

2009年9月1日，国务院发布《关于开展新型农村社会养老保险试点的指导意见》。

2009年12月31日，中共中央、国务院发布2010年"中央一号文件"《关于加大统筹城乡发展力度进一步夯实农业农村发展基础的若干意见》。突出强调健全强农惠农政策体系，推动资源要素向农村配置。文件规定要继续加大国家对农业农村的投入力度。

2010年7月5日，国务院发布《关于促进农业机械化和农机工业又好又快发展的意见》。

2010年12月27日，国务院发布《关于严格规范城乡建设用地增减挂钩试点切实做好农村土地整治工作的通知》。

2010年12月31日，中共中央、国务院发布2011年"中央一号文件"《关于加快水利改革发展的决定》。

2011年3月5日，《中华人民共和国土地复垦条例》发布。

2011年4月18日，国务院发布《关于加快推进现代农作物种业发展的意见》。

2011年12月31日，中共中央、国务院发布2012年"中央一号文件"《关于加快推进农业科技创新持续增强农产品供给保障能力的若干意见》。提出要培育和支持新型农业社会化服务组织，通过促进农民专业合作社的建设与规范运行，支持农民专业合作社兴办农产品加工企业或参股龙头企业。

2012年1月13日，国务院发布《全国现代农业发展规划（2011—2015年）》。

2012年3月6日，国务院发布《关于支持农业产业化龙头企业发展的意见》。对支持龙头企业发展，提高农业组织化程度提出了具体措施。

2012年11月8日，党的十八大报告继续强调要坚持和完善农村基本经营制度，依法维护农民土地承包经营权、宅基地使用权、集体收益分配权；改革征地制度，提高农民在土地增值收益中的分配比例。

2012年11月12日,《农业保险条例》公布。

2012年12月31日,中共中央、国务院发布2013年"中央一号文件"《关于加快发展现代农业进一步增强农村发展活力的若干意见》。强调了"三农"工作的核心问题、关键问题、根本问题和首要任务。

2014年1月2日,中共中央、国务院发布2013年"中央一号文件"《关于全面深化农村改革加快推进农业现代化的若干意见》。提出按照稳定政策、改革创新、持续发展的总要求,力争在体制机制创新上取得新突破,在现代农业发展上取得新成就,在社会主义新农村建设上取得新进展。

2014年7月30日,国务院发布《关于进一步推进户籍制度改革的意见》。提出建立城乡统一的户口登记制度、居住证制度、人口信息管理制度等。农民方面提出切实保障农业转移人口及其他常住人口合法权益。

2014年11月22日,中央农村工作领导小组办公室等三部门联合下发《积极发展农民股份合作赋予农民对集体资产股份权能改革试点方案》。目标是保障农民集体经济组织成员权利,积极发展农民股份合作,赋予农民对集体资产股份占有、收益、有偿退出及抵押、担保、继承权。

2014年12月30日,国务院办公厅印发《关于引导农村产权流转交易市场健康发展的意见》。提出以坚持和完善农村基本经营制度为前提,以保障农民和农村集体经济组织的财产权益为根本,以规范流转交易行为和完善服务功能为重点,扎实做好农村产权流转交易市场建设工作。

2015年1月1日,中共中央、国务院发布2015年"中央一号文件"《关于加大改革创新力度加快农业现代化建设的若干意见》。提出按照稳粮增收、提质增效、创新驱动的总要求,在提高粮食生产能力、优化农业结构、转普农业发展方式、促进农民增收等方面全面深化改革。

2015年12月31日，中共中央、国务院发布2016年"中央一号文件"《关于落实发展新理念加快农业现代化 实现全面小康目标的若干意见》。

2016年10月1日，中共中央办公厅、国务院办公厅印发《关于以村民小组或自然村为基本单元的村民自治试点方案》。

2016年10月17日，国务院印发《全国农业现代化规划（2016—2020年）》。

2016年10月30日，中共中央办公厅、国务院办公厅印发《关于完善农村土地所有权承包权经营权分置办法的意见》。目标是围绕正确处理农民和土地关系这一改革主线，科学界定"三权"内涵、权利边界及相互关系，逐步建立规范高效的"三权"运行机制，不断健全归属清晰、权能完整、流转顺畅、保护严格的农村土地产权制度，优化土地资源配置，培育新型经营主体，促进适度规模经营发展。

2016年11月18日，国务院办公厅印发《关于支持返乡下乡人员创业创新促进农村一二三产业融合发展的意见》。

2016年12月26日，中共中央、国务院印发《关于稳步推进农村集体产权制度改革的意见》。

2016年12月31日，中共中央、国务院发布2017年"中央一号文件"《关于深入推进农业供给侧结构性改革加快培育农业农村发展新动能的若干意见》。提出推进农业供给侧结构性改革，优化农业产业体系、生产体系、经营体系，提高土地产出率、资源利用率、劳动生产率。

2017年1月9日，农业农村部印发《"十三五"全国新型职业农民培育发展规划》。提出新型职业农民正在成为现代农业建设的主导力量，具有中国特色的新型职业农民培育制度基本确立、"一主多元"的新型职业农民培育体系初步形成。

2017年10月18日至24日，党的十九大报告首次提出乡村振兴战略，要按照产业兴旺、生态宜居、乡风文明、治理有效、生活富裕的总要求，建立健全城乡融合发展体制机制和政策体系，加快推进农业农村现代化。

2018年1月2日，中共中央、国务院发布2018年"中央一号文件"《关于实施乡村振兴战略的意见》。提出建立健全城乡融合发展体制机制和政策体系，统筹推进农村经济建设、政治建设、文化建设、社会建设、生态文明建设和党的建设，加快推进乡村治理体系和治理能力现代化，加快推进农业农村现代化，走中国特色社会主义乡村振兴道路。

2018年9月26日，中共中央、国务院印发《乡村振兴战略规划（2018—2022年）》。共分十一篇、三十七章。

2019年1月3日，中共中央、国务院发布2019年"中央一号文件"《关于坚持农业农村优先发展做好"三农"工作的若干意见》。提出围绕"巩固、增强、提升、畅通"深化农业供给侧结构性改革，坚决打赢脱贫攻坚战，充分发挥农村基层党组织战斗堡垒作用，全面推进乡村振兴。

2019年1月10日，中共中央印发《中国共产党农村基层组织工作条例（修订）》。初次制定时间为1999年2月13日。

2019年4月15日，中共中央、国务院印发《关于建立健全城乡融合发展体制机制和政策体系的意见》。提出以协调推进乡村振兴战略和新型城镇化战略为抓手，以缩小城乡发展差距和居民生活水平差距为目标，以完善产权制度和要素市场化配置为重点，坚决破除体制机制弊端，促进城乡要素自由流动、平等交换和公共资源合理配置，加快形成工农互促、城乡互补、全面融合、共同繁荣的新型工农城乡关系，加快推进农业农村现代化。

2019年6月，中共中央办公厅、国务院办公厅印发《关于加强和改进乡村治理的指导意见》。提出建立健全党委领导、政府负责、社会协同、公众参与、法治保障、科技支撑的现代乡村社会治理体制，以自治增活力、以法治强保障、以德治扬正气，健全党组织领导的自治、法治、德治相结合的乡村治理体系，构建共建共治共享的社会治理格局，走中国特色社会主义乡村善治之路，建设充满活力、和谐有序的乡村社会。

2019年8月19日，中共中央印发《中国共产党农村工作条例》。

2019年9月4日，中央农村工作领导小组等11部门联合印发《关于进一步推进移风易俗 建设文明乡风的指导意见》。

2019年10月28日至31日，十九届四中全会召开，审议通过了《中共中央关于坚持和完善中国特色社会主义制度、推进国家治理体系和治理能力现代化若干重大问题的决定》。提出完善农业农村优先发展和保障国家粮食安全的制度政策，健全城乡融合发展体制机制。

2020年1月2日，中共中央、国务院发布2020年"中央一号文件"《关于抓好"三农"领域重点工作确保如期实现全面小康的意见》。提出集中力量完成打赢脱贫攻坚战和补上全面小康"三农"领域突出短板两大重点任务，确保脱贫攻坚战圆满收官，确保农村同步全面建成小康社会。

2020年4月26日，第十三届全国人民代表大会常务委员会第十七次会议通过《国务院关于农村集体产权制度改革情况的报告》。

2020年9月，中共中央办公厅、国务院办公厅印发《关于调整完善土地出让收入使用范围优先支持乡村振兴的意见》。

2020年9月10日，国务院办公厅印发《关于坚决制止耕地"非农化"行为的通知》

2020年12月16日，中共中央、国务院发布《关于实现巩固拓展脱贫攻坚成果同乡村振兴有效衔接的意见》。

2021年1月4日，中共中央、国务院发布2021年"中央一号文件"《关于全面推进乡村振兴加快农业农村现代化的意见》。提出坚持农业农村优先发展，坚持农业现代化与农村现代化一体设计、一并推进，坚持创新驱动发展，以推动高质量发展为主题，统筹发展和安全，落实加快构建新发展格局要求，巩固和完善农村基本经营制度，深入推进农业供给侧结构性改革，走中国特色社会主义乡村振兴道路。

2021年2月，国务院发布《关于新时代支持革命老区振兴发展的意见》。支持沂蒙、赣南、陕甘宁、左右江、大别山、川陕等革命老区振兴发展。

2021年2月，中共中央办公厅、国务院办公厅印发《关于加快推进乡村人才振兴的意见》。提出坚持把乡村人力资本开发放在首要位置，大力培养本土人才，引导城市人才下乡，推动专业人才服务乡村，吸引各类人才在乡村振兴中建功立业，健全乡村人才工作体制机制，强化人才振兴保障措施，培养造就一支懂农业、爱农村、爱农民的"三农"工作队伍。

2021年4月21日，国务院第132次常务会议修订通过《中华人民共和国土地管理法实施条例》，自2021年9月1日起施行。

2021年4月22日，农业农村部、国家乡村振兴局发布《社会资本投资农业农村指引（2021年）》。

2021年4月29日，中华人民共和国第十三届全国人民代表大会常务委员会第二十八次会议审议通过《中华人民共和国乡村振兴促进法》。

2021年5月，中共中央办公厅印发《关于向重点乡村持续选派驻村第一书记和工作队的意见》。

2021年6月25日，国务院印发《全民科学素质行动规划纲要（2021—2035年）》。提出要实施农民科学素质提升行动，以提升科技文化素质为重点，提高农民文明生活、科学生产、科学经营能力，造就一支适应农业农村现代化发展要求的高素质农民队伍。

2021年8月27日，国务院批复同意《全国高标准农田建设规划（2021—2030年）》。

2021年11月12日，国务院印发《"十四五"推进农业农村现代化规划》。

2021年12月7日，财政部、农业农村部印发《农村集体经济组织财务制度》。

2021年12月17日，农业农村部印发《"十四五"农业农村人才队伍建设发展规划》。提出坚持"三分、三创、三促"的总体思路，根据不同人才队伍的功能定位，把农业农村人才划分为主体人才、支撑人才和管理服务人才，共3类10支人才队伍。

2022年2月22日，中共中央、国务院发布2022年"中央一号文件"《关于做好2022年全面推进乡村振兴重点工作的意见》。提出要牢牢守住保障国家粮食安全和不发生规模性返贫两条底线，扎实有序做好乡村发展、乡村建设、乡村治理重点工作。

2022年5月9日，农业农村部办公厅印发《新型农业经营主体辅导员工作规程》。

2022年5月23日，中共中央办公厅、国务院办公厅印发《乡村建设行动实施方案》。提出以普惠性、基础性、兜底性民生建设为重点，加强农村基础设施和公共服务体系建设，建立自下而上、村民自治、农民参与的实施机制，建设宜居宜业美丽乡村。

2022年6月20日，农业农村部、体育总局、国家乡村振兴局联合印发《关于推进"十四五"农民体育高质量发展的指导意见》。提出要围绕全面推进乡村振兴和建设体育强国、健康中国的奋斗目标，着眼农民全面发展、农村全面进步，健全完善农民健身公共服务体系，创新农民体育发展方式，促进农体文体智体融合，不断满足农民群众对美好生活的需要，推动农民体育健身事业高质量发展。

2022年7月11日，农业农村部印发《关于开展国家现代农业全产业链标准化示范基地创建的通知》。提出到"十四五"末,在全国创建300个左右国家现代农业全产业链标准化示范基地,打造标准化引领农产品质量效益竞争力提升的发展典型和两个"三品一标"协同发展的示范样板。

2023年1月2日,中共中央、国务院印发2023年"中央一号文件"《关于做好二〇二三年全面推进乡村振兴重点工作的意见》。

参考文献

一、中文文献

[1] 马克思恩格斯全集：第3卷[M].北京：人民出版社，1960.

[2] 马克思恩格斯全集：第21卷[M].北京：人民出版社，1965.

[3] 马克思恩格斯全集：第23卷[M].北京：人民出版社，1972.

[4] 马克思恩格斯全集：第42卷[M].北京：人民出版社，1979.

[5] 马克思.1844年经济学哲学手稿[M].北京：人民出版社，2018.

[6] 马克思恩格斯文集：第1卷[M].北京：人民出版社，2009.

[7] 马克思恩格斯文集：第2卷[M].北京：人民出版社，2009.

[8] 马克思恩格斯文集：第4卷[M].北京：人民出版社，2009.

[9] 马克思恩格斯文集：第 5 卷［M］．北京：人民出版社，2009.

[10] 马克思恩格斯文集：第 9 卷［M］．北京：人民出版社，2009.

[11] 中共中央文献研究室．毛泽东文集：第 1、6、7 卷［M］．北京：人民出版社，1999.

[12] 邓小平文选：第 2 卷［M］．北京：人民出版社，1993.

[13] 邓小平文选：第 3 卷［M］．北京：人民出版社，1993.

[14] 中共中央文献研究室．邓小平思想年谱（一九七五——一九九七）［M］．北京：中央文献出版社，1998.

[15] 建国以来重要文献选编：第 1 卷［M］．北京：中央文献出版社，2011.

[16] 三中全会以来重要文献选编：上［M］．北京：中央文献出版社，2011.

[17] 十二大以来重要文献选编：上［M］．北京：中央文献出版社，2011.

[18] 十二大以来重要文献选编：中［M］．北京：中央文献出版社，2011.

[19] 十三大以来重要文献选编：上［M］．北京：中央文献出版社，2011.

[20] 十八大以来重要文献选编：上［M］．北京：中央文献出版社，2014.

[21] 党的十九大文件汇编［M］．北京：党建读物出版社，2017.

[22] 中共中央党史和文献研究院．习近平关于"三农"工作论述摘编［M］．北京：中央文献出版社，2019.

[23] 习近平．在哲学社会科学工作座谈上的讲话［M］．北京：人民出版社，2016.

[24] 中共中央党史研究室. 中国共产党的九十年（社会主义革命和建设时期）[M]. 北京：中共党史出版社，2016.

[25] 马克思主义大辞典编辑委员会. 马克思主义大辞典（纪念版）[M]. 武汉：崇文书局，2018.

[26] 陈锡文，等. 中国农村改革40年[M]. 北京：人民出版社，2018.

[27] 钱穆. 中国经济史[M]. 北京：北京联合出版公司，2014.

[28] 白雪秋，等. 乡村振兴与中国特色城乡融合发展[M]. 北京：国家行政学院出版社，2018.

[29] 温铁军，等. 从农业1.0到农业4.0——生态转型与农业可持续[M]. 北京：东方出版社，2021.

[30] 张占斌. 改革红利再释放[M]. 北京：三联书店，2014.

[31] 李培林. 中国社会[M]. 北京：社会科学文献出版社，2011.

[31] 陈宝森. 美国经济与政府政策：从罗斯福到里根[M]. 北京：社会科学文献出版社，2014.

[32] 赵林如. 中国市场经济学大辞典[M]. 北京：中国经济出版社，2019.

[33] 余金成. 劳动论要[M]. 北京：光明日报出版社，2019.

[34] 俞可平. 马克思主义历史考证大辞典：第1卷[M]. 北京：商务印书馆，2018.

[35] 俞可平. 治理与善治[M]. 北京：社会科学文献出版社，2000.

[36] 喻葵. 中国农业劳动力的重新配置[M]. 北京：企业管理出版社，2016.

[37] 李秉龙，薛兴利. 农业经济学[M]. 北京：中国农业大学出版社，2009.

[38] 欧阳旭初. 农业经济学 [M]. 北京：中国财政经济出版社, 2000.

[39] 焦必方. 新编农业经济学教程 [M]. 上海：复旦大学出版社, 1999.

[40] 江玉安. 素质教育理论发展与应用 [M]. 长春：吉林文史出版社, 2009.

[41] 梁漱溟. 乡村建设理论 [M]. 上海：上海人民出版社, 2011.

[42] 费孝通. 乡土中国（修订本）[M]. 上海：上海世纪出版集团, 2013.

[43] 《中国现代农业建设实务》编委会. 中国现代农业建设实务 [M]. 北京：经济日报出版社, 2016.

[44] 张立频. 中英文免费数字知识获取研究 [M]. 北京：中国工商出版社, 2007.

[45] 左文革, 吴秀爽. 农业信息检索与利用 [M]. 北京：中国农业出版社, 2006.

[46] 邵喜武. 多元化农业技术推广体系建设研究 [M]. 北京：光明日报出版社, 2013.

[47] 中国农业百科全书编辑部. 中国农业百科全书 [M]. 北京：中国农业出版社, 1991.

[48] 何盛明. 财经大辞典（上卷）[M]. 北京：中国财政经济出版社, 1990.

[49] 忻榕, [美] 琼·皮尔斯. 认识组织行为 [M]. 北京：机械工业出版社, 2020.

[50] 张薇. 唯物史观视阈下的马克思恩格斯分工理论研究 [M]. 哈尔滨：黑龙江大学出版社, 2014.

[51] 梁忠义, 等. 世界教育大系：职业教育卷 [M]. 长春：吉

林教育出版社，2000.

［52］农业农村部科技教育司、中央农业广播电视学校．2021年全国高素质农民发展报告［M］．北京：中国农业出版社，2022.

［53］关乃孚，等．农业经济学［M］．北京：北京农业大学出版社，1989.

［54］中华人民共和国常用法律法规全书（2012年修订版）［M］．北京：法律出版社，2012.

［55］张荣明．中国思想与信仰讲演录［M］．桂林：广西师范大学出版社，2008.

［56］徐勇，等．中国农民状况发展报告2012（经济卷）［M］．北京：北京大学出版社，2013.

［57］马江生．企业成功荟萃［M］．西安：陕西人民出版社，1994.

［58］王曙光．问道乡野：农村发展、制度创新与反贫困［M］．北京：北京大学出版社，2014.

［59］中央军委后勤保障部军需能源局．未来农业［M］．北京：解放军出版社，2016：219.

［60］教育部．中国教育年鉴（1949—1981）［M］．北京：人民教育出版社，1991.

［61］魏星河，等．当代中国公民有序政治参与研究［M］．北京：人民出版社，2007.

［62］［美］理查德·亚马龙．经济指标手册［M］．上海：上海财经大学出版社，2019.

［63］［法］弗朗斯瓦·魁奈．人口论 赋税论［M］．吴斐丹，张草纫，选译．北京：商务印书馆，2021.

［64］［法］弗朗斯瓦·魁奈．农业与手工业［M］．北京：商务印书馆，2021.

[65] [英] 威廉·配第. 政治算术 [M]. 北京：商务印书馆，2021.

[66] [英] 威廉·配第. 赋税论 [M]. 北京：商务印书馆，1978.

[67] [英] 理查德·琼斯. 论财富的分配和赋税的来源 [M]. 北京：商务印书馆，2021.

[68] [美] 西奥多·W. 舒尔茨. 改造传统农业 [M]. 北京：商务印书馆，1987.

[69] [美] 西奥多·W. 舒尔茨. 论人力资本投资 [M]. 北京：北京经济学院出版社，1990.

[70] [美] 詹姆士·J. 海克曼. 提升人力资本投资的政策 [M]. 上海：复旦大学出版社，2003.

[71] [美] 马若孟. 中国农民经济 [M]. 南京：江苏人民出版社，1999.

[72] [日] 七户长生. 日本农业的经营问题：现状与发展逻辑 [M]. 北京：中国农业出版社，1994.

[73] [英] 亚当·斯密. 国富论 [M] 北京：商务印书馆，2021.

[74] [法] H. 孟德拉斯. 农民的终结 [M]. 北京：社会科学文献出版社，2009.

[75] [英] 托马斯·罗伯特·马尔萨斯. 人口论 [M]. 北京：北京大学出版社，2008.

[76] [印] 阿玛蒂亚·森. 以自由看待发展 [M]. 北京：中国人民大学出版社，2013.

[77] [德] 斐迪南·滕尼斯. 共同体与社会 [M]. 北京：商务印书馆，2019.

[78] 习近平. 扎实推动共同富裕 [J]. 求是，2021（20）.

[79] 郭燕，李家家，杜志雄. 城乡居民收入差距的演变趋势：国际经验及其对中国的启示 [J]. 世界农业，2022（06）.

[80] 郎秀云. 现代农业：美国模式和中国道路 [J]. 江西财经大

学学报，2008（02）．

[81] 易红梅，刘慧迪，邓洋，等．职业教育与农业劳动生产率提升：现状、挑战与政策建议［J］．中国职业技术教育，2022（10）．

[82] 罗玉兰．农业劳动力结构变迁视角下的农业现代化路径选择［J］．农业经济，2021（11）．

[83] 蔡弘，杨文娟．农业人口结构变动特征及其对乡村振兴的政策启示——基于安徽省农业普查数据的分析［J］．云南农业大学学报（社会科学版），2022，16（01）．

[84] 李刘艳，杨阳．乡村振兴进程中农业劳动力转移对粮食生产的影响——基于30个省级面板数据的实证检验［J］．河南师范大学学报（哲学社会科学版），2022，49（02）．

[85] 黄祖辉，宋文豪，叶春辉，等．政府支持农民工返乡创业的县域经济增长效应——基于返乡创业试点政策的考察［J］．中国农村经济，2022（01）．

[86] 乐昕，彭希哲．"中国之治"语境下的职业农民制度优势及其转化路径［J］．学习与实践，2020（07）．

[87] 隋筱童．乡村振兴战略下"农民主体"内涵重构［J］．山东社会科学，2019（08）．

[88] 周桂瑾，吴兆明．乡村振兴战略下江苏省新型职业农民培育：现实基础、瓶颈问题与优化路径［J］．职业技术教育，2020，41（33）．

[89] 丁红玲，郭晓珍．新型职业农民培育制度体系框架构建研究［J］．中国成人教育，2018（02）．

[90] 陈春霞，袁洁，石伟平．乡村振兴背景下新型职业农民胜任素质现状评估——基于374个农业经营主体的实证调查［J］．职教论坛，2021，37（11）．

[91] 潘泽江，张焰翔，潘昌健．新型职业农民培育的绩效评价及

对策研究［J］．湖北农业科学，2020，59（19）．

［92］陈静宜．湛江市新型职业农民培育绩效分析［J］．现代农业科技，2020（18）．

［93］郭雄伟．城镇化进程中新型农民思想政治教育问题的探究［J］．科学咨询，2021（04）．

［94］洪佳婧．思想政治素质提升视域下新型职业农民培育路径研究［J］．农村经济与科技，2020，31（07）．

［95］杨兰伟，牛细婷．农业科技信息对提高农民文化素质作用研究［J］．农业图书情报学刊，2011，23（06）．

［96］曹忠德，滕小华．影响农村科技传播的农民文化素质研究［J］．东北农业大学学报（社会科学版），2007（01）．

［97］刘海丰，高山，穆群．明确新型职业农民经营管理能力构成实施有针对性的培训策略［J］．吉林农业，2016（24）．

［98］邓湧，冯进展，杜艳艳．新型职业农民经营管理能力构成与培训策略研究［J］．农业经济，2015（07）．

［99］梅建明．二元经济结构转换与农业劳动力转移［J］．农村经济，2003（05）．

［100］王杰，曹兹纲．韧性乡村建设：概念内涵与逻辑进路［J］．学术交流，2021（01）．

［101］熊小青．乡村善治：内涵、演进及特征——对乡村善治逻辑的中国特色刍议［J］．安徽农业大学学报（社会科学版），2021，30（03）．

［102］王岩．差序治理、政府介入与农地经营权流转合约选择——理论框架与经验证据［J］．管理学刊，2020，33（05）．

［103］何俊威．基于大数据的农业污染经济损失评估模型设计研究［J］．环境科学与管理，2020，45（04）．

［104］王灵芝．提高农民科技素质的探索研究［J］．宁波大学学

报（教育科学版），2010，32（01）．

[105] 贾钢涛，卫梦思．新时代背景下培育农民科技素质研究——以陕西省为例［J］．中国职业技术教育，2018（15）．

[106] 顾友仁．"后小康时代"中国农民科技素质的现状及其对策［J］．北京理工大学学报（社会科学版），2014，16（01）．

[107] 习近平李克强王沪宁赵乐际韩正分别参加全国人大会议一些代表团审议［N］．光明日报，2018-3-9（01）．

[108] 习近平主持中共中央政治局第八次集体学习并讲话［EB/OL］．中华人民共和国中央人民政府官网，2018-09-22．

[109] 第三次全国农业普查公报［EB/OL］．国家统计局官网，2017-12-16．

[110] 第七次全国人口普查公报［EB/OL］．国家统计局官网，2021-05-11．

[111] 国务院办公厅．组织实施"绿色证书"工程［EB/OL］．中华人民共和国中央人民政府官网，2006-08-27．

[112] 国际劳工组织．全球劳动力人口受教育程度上升［EB/OL］．央视网，2015-11-18．

[113] 莱德．农业中的童工问题［EB/OL］．联合国粮食及农业组织官网，2021-7-18．

[114] 联合国粮农组织积极发声，呼吁消除农业领域童工现象［EB/OL］．联合国粮食及农业组织官网，2021-7-21．

[115] 农业农村部《关于印发〈"十四五"农业农村人才队伍建设发展规划〉的通知》（农人发〔2021〕9号）．

[116] 朱信凯．新型职业农民，你愿意当吗？［EB/OL］．网易网，2019-04-06．

[117] 陈祈．国外培养新型职业农民的四种成功模式［EB/OL］．人民网，2021-12-04．

[118] 国新办就《关于进一步推进移风易俗建设文明乡风的指导意见》答记者问 [EB/OL]．中华人民共和国国务院新闻办公室官网，2019-10-30．

[119] 朱婷．乡村是不是振兴 要看乡风好不好 [EB/OL]．人民政协网，2019-06-24．

[120] 中央农村工作领导小组办公室等11部门．关于进一步推进移风易俗建设文明乡风的指导意见 [EB/OL]．中国文明网，2019-12-19．

[121] 2021年河南省国民经济和社会发展统计公报 [EB/OL]．河南省人民政府网，2022-03-14．

[122] 梁凡．多国面临土地荒漠化危机 [N]．工人日报，2021-03-19（08）．

[123] 乔金亮．农民挑上了"金扁担" [N]．经济日报，2022-07-22（06）．

[124] 蒋和平，宋莉莉．美国建设现代农业模式的借鉴及启示 [C]．中国农业技术经济研究会．建设我国现代化农业的技术经济问题研究——中国农业技术经济研究会2007年学术研讨会论文集，北京：中国农业出版社，2007．

[125] 宋雅娟、张蕃．"十三五"期间，我国农业科技进步贡献率突破60% [EB/OL]．光明网，2021-11-25．

[126] 李丽颖．党的十八大以来农业科技创新发展成就 [EB/OL]．农机新闻网，2021-08-19．

[127] 洛宁县关于衔接推进乡村振兴资金和整合涉农资金支持乡村产业振兴发展的意见 [EB/OL]．洛宁县人民政府官网，2021-08-30．

[128] 左嘉玉、非蕾．河南兰考：前人栽树泽后世 泡桐之乡新乐章 [EB/OL]．央视网，2021-12-11．

［129］农业农村部办公厅、中国科协办公厅《关于开展2022年科普服务高素质农民培育行动的通知》（农办科〔2022〕18号）．

［130］莫开伟．农村金融改革重在培育农民金融意识［EB/OL］．新华网，2016-02-23．

二、英文文献

［1］Wallce I；Mantzou K；Taylor P. Policy Options for Agricultural Education and Training in Sub‐Saharan Africa：Report of a Preliminary Study and Literature Review［R］．AERDD Working．Reading［M］，UK：University of Reading，．1996，1：96．

［2］GALE F，HENDERSON D. Estimating entry and exit of U. S. farms, U. S.［J］．Staff Reports，1991．

［3］Welch. The Cambridge Companion to Tocqueville［M］．NewYork：Cambridge University Press，2006．

［4］Honohan. civic Republicanism［M］．Routledge，2002．

［5］Stephen Macedo. Liberal Virtues［M］．Oxford：Clarendon Press，1991．

［6］Cynthia Woodson. Old farmers, invisible farmers：Age and agriculture in Jamaica［J］．Journal of Cross‐Cultural Gerontology，1994，9（03）．